グローバル人材の育成

―**協調学習**と**IBプログラム**による**新しい学び**を通じて―

筑波大学教授・元 国立教育政策研究所長
德永　保 編著

協同出版

はじめに

　グローバル化は各国の教育政策にも大きな影響を及ぼし、学校教育を変革しています。

　日本は、人口が減少する中での持続的な経済成長と国民生活の安定を実現するため、どの国よりも積極的にグローバル化に立ち向かうことを迫られています。教育政策と学校教育も同様です。日本は、どの国よりも積極的にグローバル化に対応して学校教育を改革し、国境を越えて展開される経済活動や国際的中枢拠点機能を担う人材を育成することが求められています。そのことは、同時に、子どもたちがグローバル化社会をたくましく生きて、幸福を追求していくことを保障するものです。

　大学はグローバル人材育成への取り組みを急ピッチで進めています。これに対して小中学校、高校の対応が遅れているように思われます。

　平成32年にはグローバル化に対応する新しい指導要領が実施される予定ですが、現に学校で学んでいる子どもたちの将来を考え、その子どもたちのためにグローバル人材育成への取り組みを着実に進めいくことが学校と教師の責務です。

　本書は、平成26年10月から1年間「教職課程」（協同出版）に連載した「グローバル人材を担う教員をめざして」を全編書き直したものを第1部とし、グローバル人材に求められるスキル育成に相応しい学習形態として、知識構成型ジグソー法とIBプログラムを取り上げ、それぞれ第2部、第3部で詳しく解説しています。本書が、現に教職にある方と教職をめざしている方の双方にとって、さらにグローバル化社会に子どもたちを送りだそうとしている多くの関係者と学校にとって有用なものとなることを期待しています。

　平成27年12月5日

編著者　德永　保

グローバル人材の育成
―協調学習と IB プログラムによる新しい学びを通じて―

目　次

はじめに・1

第１部　グローバル人材の育成 ………………………………………5

第１章　グローバル化で変わる学校教育と教員・6

第２章　グローバル化・11

第３章　グローバル化と学校教育(1)・22

第４章　グローバル化と学校教育(2)・31

第５章　グローバル化と日本・42

第６章　なぜグローバル人材育成なのか－社会からの強い要請・55

第７章　グローバル人材とは

　　　　－どのような人材像を描いて教育を行うのか－・69

第８章　グローバル人材に求められる資質能力

　　　　－学校で何を学ばせ、どのような資質能力を育むのか－・78

第９章　グローバル人材育成教育をどのように実施するか

　　　　－教育課程への位置付け－・93

第10章　グローバル人材育成教育をどのように実施するか

　　　　－教育内容との関連付け－・104

第11章　グローバル人材育成教育をどのように実施するか

　　　　－授業形態と指導方法－・119

第12章　グローバル人材育成教育をどのように実施するか

　　　　－これまでの教育を見直す－・133

おわりに・140

第2部　知識構成型ジグソー法による協調学習 ……………………… 149

はじめに・150

第1章　一人ひとりの学ぶ力を引き出す授業のデザイン・151

第2章　知識構成型ジグソー法による協調学習の授業づくり・162

第3章　実践事例の紹介と分析・173

おわりに・192

第3部　国際バカロレア（IB）のより深い理解のために ………… 195

はじめに・196

第1章　国際バカロレア（IB）とは・199

第2章　ケイ・インターナショナルスクール東京（KIST）とは・203

第3章　何故、IB なのか？・205

第4章　KIST での IB 活動・212

あとがき・239

第1部
グローバル人材の育成

第1部　グローバル人材の育成

第1章
グローバル化で変わる学校教育と教員

1．氾濫する「グローバル化」

　「グローバル化」という言葉をよく聞きます。ウェブや雑誌の記事にも大学の授業のレジュメにもよく出てきます。テレビのワイドショーは、ファストフード店の見慣れた食品が外国で加工されていたり、日用品の安売り店が外国人観光客で賑わっていたりすると、「グローバル化によって・・」などと解説しています。就職情報誌や企業説明会のパンフレットを見ても「グローバル企業」、「グローバルに活躍する」、「グローバルな事業展開」など必ずといっていいほど「グローバル」という言葉が入っています。

　今や「グローバル化」や「グローバル」という言葉を使わずに企業や経済のことを説明することはできません。けれど「グローバル化」の影響は、企業や経済だけでなく、社会全体に及んでいて、学校や教育も例外ではありません。

2．スーパー・グローバル・ハイスクール

　スーパー・グローバル・ハイスクール、あるいはその略称のSGHという言葉を聞いたことがありますか。平成26年3月、文部科学省は全国で56の国公私立高校をSGHに指定しました。指定されたのは56校ですが、応募はなんと246校もあったそうです。高校の総数は5千校弱なので20校に1校の割合で応募したことになります。また、同年9月にはスーパー・グローバル大

6

学 SGU が指定されました。こちらもタイプＡ（トップ型10大学）に16大
学、タイプＢ（グローバル化牽引型20大学）に93大学が応募し、国公私立30
大学が選ばれました。SGH に指定された高校は、国が学校教育法施行規則
や学習指導要領によって定めている基準から離れた教育課程を実施できま
し、５年間にわたって特別な補助金が配分されます。大学の場合も５年間に
わたりタイプの別に応じて数千万～数億円の特別な補助金が配分されます。

３．国全体の方針で進むグローバル人材育成教育

　SGH と SGU は文部科学省の考えというより国全体の方針で導入されまし
た。図１－１は、平成25年６月に内閣が決定した「日本再興戦略－ JAPAN is
BACK －」という国の基本方針から学校教育関係部分を抜粋したものです。
図１－２は、文部科学大臣が中央教育審議会で配布した資料から「グローバル

図１－１　日本再興戦略 -JAPAN is BACK-（平成 25 年 6 月 14 日閣議決定）から

第Ⅰ．総論　５.「成長への道筋」に沿った主要施策例
（２）全員参加・世界で勝てる人材を育てる
（日本の若者を世界で活躍できる人材に育て上げる）

　③大学の潜在力を最大限に引き出す（国立大学改革等）

　④世界と戦える人材を育てる
　＜成果目標＞◆2020 年までに留学生を倍増する（大学生等 6 万人→12 万人）

第Ⅱ．３つのアクションプラン　一．日本産業再興プラン

　⑦グローバル化等に対応する人材力の強化

　　世界に勝てる真のグローバル人材を育てるため、…国際的な英語試験の
活用、意欲と能力のある若者全員への留学機会の付与、及びグローバル化
に対応した教育を牽引する学校群の形成を図ることにより 2020 年までに日
本人留学生を 6 万人（2010 年）から 12 万人へ倍増させる。

第1部　グローバル人材の育成

図1－2　文部科学大臣の中央教育審議会(平成 26 年 3 月)配付資料から

日本再生のための教育再生戦略
①教育の質の向上による一人一人の可能性の伸長
●特に、海外でチャンスを掴むことができる人材育成が急務
　→世界で活躍できるグローバル人材、イノベーション人材の育成
●世界で活躍できるグローバル人材等の育成

・開始学年の早期化等、小・中・高等学校における英語教育の強化
・世界を牽引するリーダーの養成…大学院教育の抜本的な改革・強化
・グローバル・リーダーを育成する高等学校等の創設
・日本人の海外留学の促進、優秀な外国人留学生の戦略的受入れ

主な文部科学行政施策
【グローバル人材育成関係】
20　日本人留学生の海外留学支援（日本人の海外留学者数の倍増）
22　初等中等教育におけるグローバル人材育成（「スーパーグローバルハイ
　　スクール」の指定・支援、英語教育強化）
23　高等教育におけるグローバル人材育成（「スーパーグローバル大学」の
　　指定・支援）
25　国際バカロレア（認定校の大幅な増加）

化」「グローバル」という言葉を用いている部分を抜粋したものです。二つ
の資料を見ると、「グローバル化等に対応する人材力の強化」が国の方針と
して定められていること、そしてこの方針に従って文部科学省が具体的な施
策を展開している状況がよくわかります。

4．グローバル化で変わる学校教育と教員

　グローバル化の影響は、企業や経済ばかりでなく、学校教育にも及んでい
ます。その範囲は広く、教育の内容から学校教育制度まで及んでいます。さ
らに、日本で国の方針としてグローバル人材の育成が進められているよう
に、多くの国々でグローバル化を踏まえた教育政策が実施されるなど、教育

第1章　グローバル化で変わる学校教育と教員

行政の役割や教育政策の形成過程にまで変化が生じています。今後、グローバル化の進展とともに、その影響はさらに広がり深まると予想されます。

　その中でも、学校教育の目標の変化が重要な意味を持っています。すなわち、世界のどの国、地域においても、学校教育は児童生徒を市民社会と近代産業の良き担い手として育成し、そのことを通じて個人が幸福を追求するのを可能にすることを目標としてきました。今後はそれらに加えて、グローバル人材の育成が目標となります。グローバル化による社会の変化を受け容れるとともに、国境を越えて展開される経済的、社会的な活動を担ってグローバル化社会を生き抜き、個人の幸福を追求していくことができる資質能力を有する人間の育成です。それが多くの国、地域に共通する学校教育の目標になると予想されます。

　既に日本でもグローバル化に対応し、グローバル人材を育成するための様々な制度変更や施策が実施されています。今後はさらに多くの制度変更や運用方針の転換、新たな施策の導入などが進められ、学校の教育内容や授業の進め方もこれまでとはずいぶん違ったものになると予想されます。そうなると、当然、教員に求められる指導力や経験も大きく変わることになります。

5．グローバル人材育成教育について主体的、積極的に学び、考えることの大切さ

　今後、グローバル人材育成が本格的に進められ、グローバル化に対応する教育制度の変更や施策導入が行われるのと並行して、グローバル人材育成を担う教員にはどのような資質能力や経験が必要か、どのようにして養成すべきかについての議論が盛んになると予想されます。これに関連して教員免許制度の変更が必要かなどの検討が継続的に行われ、国の審議会の答申なども度々出されることになると思われます。大学の教職課程の教育の内容も方法も大いに改善されていくと思われます。

　しかし、教職を志望している学生や社会人にとって大切なことは、審議会の答申や大学の教職課程の改善を待つのではなく、グローバル化とグローバ

第1部　グローバル人材の育成

ル化が学校教育に及ぼす影響、グローバル化社会で求められる学校教育の在り方、とりわけグローバル人材育成のための教育の内容や進め方について、主体的、積極的に学び、考えることです。そして教職に就いた後も主体的、積極的に学び、考え続けることです。

　教職を志望している学生や社会人にとって大切なことと述べましたが、グローバル化が進む社会での学校教育は誰もが初めてなのですから、現職の教員も、校長などの管理職員や教育委員会の職員も、さらに保護者の方々にとっても、グローバル化とグローバル化が学校教育に及ぼす影響、グローバル化社会で求められる学校教育の在り方、グローバル人材育成のための教育の内容や進め方を考え、有用な知識を得ることは大切なことと思われます。

第2章 グローバル化

1．わかったようでわからないグローバル化

　「グローバル化ってどういうこと？」と聞かれてあなたはどう答えますか。「大勢の外国人が観光で日本に来たり、日本の会社で働いている。そういうのがグローバル化でしょ？」「でもうちの親や叔母夫婦も新婚旅行は外国に行ったし、明治時代に日本人がハワイに仕事を求めて移住したって習ったでしょう。それもグローバル化なの？」

　「日本の会社は工場を外国に移したり、外国でたくさんの製品を売っているのでしょう。それがグローバル化じゃないの？」「でも日本の会社は以前から外国で自動車や電機製品などを売ってきたし、日本が工業製品の輸出で発展したことは教科書にも書いてあった。どうして最近になってグローバル化って言うのかな？」

　「日本と外国の結びつきが強くなることでしょう？外国の大学との学生交流も増えたし、外国人の先生や留学生をよく見るようになった。」「それってグローバル化でなくて国際化でしょ。大学のパンフレットにも大学の国際化って説明してあるよ。」「エッ、グローバル化と国際化は違うの？」

2．平成28年の大学入試にはグローバル化が出題される？

　「グローバル化のことはよくわからないけれど、入試にも出なかったし、大学の授業でも聞いたことがないから、わからないままでいいのかな」と

第1部　グローバル人材の育成

思っている人がいるかもしれません。しかし、現在では、中学校でも高校でも、教科の授業でグローバル化について教えています。図2－1に示すように中学校学習指導要領（平成24年度から実施）と高等学校学習指導要領（平成25年から実施）では、グローバル化に関する理解が中学校の社会、高校の地理歴史及び公民の教育内容として盛り込まれています。

　また、平成25年から高校で使われている教科書には、グローバル化とは何か、どのようにグローバル化が進んできたのか、などが説明されています。教職を志望されている学生や社会人の方には、例えば、「新詳　地理Ｂ」（帝国書院）、「明解　世界史Ａ」（帝国書院）、「現代社会」（東京書籍）などを実際に手にとって目を通してみることをお奨めします。

　グローバル化は現在の社会を説明する重要な概念なので、平成25年に入学した高校生が卒業する平成28年の大学入試には、グローバル化の意味や関連する内容が出題されるかもしれません。大学入学志望者に求められる知識は、当然、教員や教員志望者にも求められます。

図2－1　学習指導要領－教科の教育内容のうちグローバルに関する記述

○中学校学習指導要領　第2章　各教科　第2節　社会　＜公民的分野＞

　「現代日本の特色として…グローバル化…理解させるとともに、それらが政治、経済、国際関係に影響を与えていることに気付かせる。」

○高等学校学習指導要領　第2章　各学科に共通する各教科

＜地理歴史＞

　「1970年以降の市場経済のグローバル化…など」　　　　　（世界史Ａ）
　「市場経済のグローバル化とアジア経済の成長…など」　　　（世界史Ｂ）

＜公民＞

　「グローバル化が進展する国際社会における政治や経済の動向」（現代社会）
　「グローバル化が進む国際経済の特質」　　　　　　　　　　（政治経済）
　「日本経済のグローバル化をはじめとする経済生活の変化」　（政治経済）

第2章　グローバル化

３．グローバル化は経済活動に始まり社会の仕組みにも及んでいる

　グローバル化は、企業や人々が行う商品の売り買い、お金の貸し借り、雇用や就職などの経済活動から始まりました。したがってグローバル化という言葉は経済活動のグローバル化を表すことが基本です。しかし、経済活動に始まったグローバル化は経済に関連する各国の政策に及び、さらに経済に関連する社会の仕組みや人々の行動様式にまで波及しました。このため、グローバル化という言葉が、経済活動だけでなく、経済に関連する社会の仕組みや人々の行動様式の状況まで表すようにもなりました。

　そこで、まず経済活動のグローバル化について説明します。次いで経済活動のグローバル化が、関連する社会の仕組みと国の政策、また人々の行動様式にどのような影響を与えたかについて説明します。

４．グローバル化とは「国境を越えた市場の一体化」

　高校の教科書に載っているグローバル化に関する説明は、教科書ごとに少しずつ違っています。高校の教科書ばかりでなく、大学で教科書として使われている経済学の入門書などのグローバル化に関する記述内容も様々です。経済学や財政金融の専門家、高名な企業経営者や経済評論家などが一致して認めているグローバル化についての厳密な定義やグローバル化をもたらした要因に関する説明は未だ無いように思われます。

　しかし、細かい部分は別にして、大体のところは意見が共通しています。それらを大胆に整理してごく単純に表現すると、グローバル化とは「市場が国境を越えて一体化すること」です。もう少し丁寧に言うと、経済活動におけるグローバル化とは、「共通のルール（市場経済、会計基準、知的財産ルールなど）や共通の規格（性能や製法の規格など）を伴って、市場が国境を越えて地球規模であるいは相当な広がりをもって一体化すること」です。

　このように説明すると、読者の中には「市場ってそもそもどういうこと」「『市場の一体化』と言ってもよく分からない」、「イメージが湧かない」という方もいるかもしれません。

13

第1部　グローバル人材の育成

　そこで、市場と国境を越えた市場の一体化について具体的にイメージできるよう、市場を三つ、①商品とサービスの市場、②雇用・労働力の市場、③資金・資本の市場の三つに分類します（図2-2）。その上で、まず市場について、次に国境を越えた市場の一体化について具体的に考えてみます。

　なお、専門的な見地からすれば、グローバル化をこのように単純に定義することや市場をこのように分類することには問題があるかもしれません。しかし、このように単純に定義し、分類する方が、グローバル化とその要因について理解することを容易にし、グローバル化が学校教育に及ぼした様々な影響を分析、理解する上で有用と考えます。

図2-2　経済活動のグローバル化と市場の分類

○経済活動のグローバル化
　・・共通のルール・規格を伴って市場が国境を越えて一体化すること

○グローバル化が進む市場の分類

　①商品とサービスの市場
　　（商品）：例えば、自動車、スマートフォン、加工食品、音楽や映画のブルーレイ、PC 用のソフトウェア、ゲームなどスマートフォン用アプリなど

　　（サービス）：例えば、ホテル等の宿泊予約サービス、自動車保険、有料音楽配信サービス、鉄道・バス・タクシーによる輸送、医療・病院、教育・学校など

　②雇用・労働力の市場
　　求人と求職、採用、就職、転職、職業上の資格の設定と取得など

　③資金・資本の市場
　　資金の調達、投資、融資、株式や金融商品の売買など

第2章　グローバル化

5．商品とサービスの市場とその国境を越えた一体化の例

　図2-2に示した①商品とサービスの市場の例として、数年前の携帯電話機市場とホテルや旅館の宿泊予約サービス市場を考えます。一方にできる限り多くの自社製携帯電話機を販売したい多数の携帯電話機メーカーがあり、他方に携帯電話機を購入したい多数の消費者がいて、携帯電話機市場が成り立っています。メーカーの間で激しい競争が行われ、携帯電話機の性能・品質と価格が消費者の希望にマッチすれば、携帯電話機が販売・購入され、支払が行われます。

　また、一方にできる限り多くの旅行者に自社の営業所を通じて宿泊予約してもらいたい多数の旅行会社があり、他方に宿泊を予約したい多数の消費者がいて、宿泊予約サービス市場が成り立っています。宿泊予約の内容と価格、サービスの信頼性、利便性等が消費者の希望と合致すれば、宿泊予約契約が結ばれ、支払が行われます。

　その次に、それぞれの市場の国境を越えた一体化について考えます。この場合は携帯電話でなくスマートフォン、旅行会社の営業所でなくウェブサイトを通じた宿泊予約サービスを考えます。

　2014年末のスマートフォンの売上シェアを見ると、世界全体ではサムスンとアップルが20％前後のシェアで１、２位にランクされています。日本ではアップルが半数で、ソニー（17％）、富士通、シャープ、サムスン（ともに６％）が続き、サムソンの本社がある韓国ではサムスンとアップルの２社が合計して80％弱を占めています。サムスン、アップルなどのメーカーが世界各地でスマートフォンを販売している状況と、消費者が希望する性能・品質と価格に見合う製品であれば国内外のいずれの企業の製品であっても購入している状況がうかがえます。特に、アップルはiPhoneの製造販売において国境を越えた市場の一体化を体現するような方式を採っていて、設計は自社で行っていますが、製造は各国メーカーから購入した部品を用いて台湾企業が経営する中国の工場で組み立てています。そして中国から世界各地に輸送し、世界各地でほぼ同じ価格で販売しています。

15

第1部　グローバル人材の育成

　次に宿泊予約サービス市場を見ます。現在ではウェブサイトを通じてホテルの宿泊を予約することが多くなりました。旅行会社系（るるぶ等）、インターネットサービス企業系（楽天トラベル等）、情報誌企業系（じゃらん等）など多くのウェブサイトがあり、外国企業によるウェブサイト（Agoda、trivago など）も加わり激しい競争が行われています。日本企業によるものも外国企業によるものも、日本を含めた世界各地のホテルに予約できますし、日本国内からでも外国からでも予約できます。消費者は、国内外の企業が提供するウェブサイトの中から、関心事項、例えば、宿泊料金の価格帯や予約対象ホテル数、信頼性、利便性などに着目して、利用するものを選ぶことになります。

６．雇用・労働力の市場とその国境を越えた一体化の例など

　図2−2②の雇用・労働力の市場の例としては、大学を卒業予定の学生の採用・就職に関する労働力市場、一定の資格や経験を有する人々の転職・中途採用に関する労働力市場などがあります。

　営業や経理、企画、研究開発などの業務に従事するのに相応しい資質能力を持つ新規採用者／中途採用者を一定数確保したい多数の企業と、希望する業務内容や労働条件によりマッチした就職先を求める多数の学生／転職希望者の間で、労働力市場が成り立っています。

　近年、新規大学卒業予定者の採用において、外国の大学を卒業した外国人を採用する企業が増えています。また、日本人が米国や中国、韓国、香港などの企業に転職することも珍しくありません。

　次に図2−2③の資金・資本の市場の国境を越えた一体化の例を示します。現在では外国の政府、企業が発行する債券や外国の企業の株式を日本人が買い、日本の政府、企業が発行する債券や日本の企業の株式を外国人が購入することは極めて日常的な活動になっていて、投資家は国内と国外を意識することなく期待利益とリスクを勘案して取引を行っています。また、日本の企業が外国の企業を買収する、外国の企業に出資して業務を提携する、外国の企業が日本の企業を買収したり、出資したりすることは、ほとんど毎日のよ

うに報道されています。

７．市場の一体化は企業等の間の競争を激化させる

　市場が国境を越えて一体化すると企業の間の競争は激しさを増し、企業はより安価でより良質の商品やサービスの提供を求められます。

　市場が国境で閉ざされていると、国内の企業の間だけで競争が行われるので、消費者は価格が高くても国内で販売されているものを買うほかありません。しかし、インターネット等を通じて外国で売られている商品を自由に買ったり、国外の企業が国境を越えて商品を自由に売ったりすることができるようになると、例えば、国内の企業の製品と比べて、品質が同程度で値段が安ければ、消費者は国外の企業の製品の方を選ぶでしょう。すると国内の企業は価格を下げるか品質を良くするかしないと生き残れません。

　そして、価格を下げたり、品質を向上させたりして十分な競争力を身に付けた国内の企業は、逆に外国に進出して製品を販売しようとするかもしれません。すると外国でも企業間の競争が激しくなります。

　このようにして国境を越えた市場の一体化は、様々な国の様々な企業がそれぞれの商品とサービスの市場に参入して激しく競争する状態を作り出します。「５．商品とサービスの市場とその国境を越えた一体化」で、具体例としてスマートフォン市場と宿泊予約サービス市場を取り上げました。企業やブランドの名も交えて説明したので、日本の企業と外国の企業が競争している様子がおわかりいただけたと思います。

　国境を越えた市場の一体化によって厳しい競争にさらされているのは企業だけではありません。高等教育サービスを提供する大学も国際的な大学間競争に直面しています。また、様々な国の大学の優秀な大学院学生が、その能力を発揮し、それに見合う報酬を得ることができるような仕事やポストを求めて、有力多国籍企業や高名な研究大学に就職しようと競争する状況も生じています。

第1部　グローバル人材の育成

８．グローバル化は企業の行動様式や経済政策の共通化をもたらす

　グローバル化とは「共通のルール（市場経済、会計基準、知的財産ルールなど）や共通の規格（性能や製法の規格など）を伴って、市場が国境を越えて地球規模であるいは相当な広がりをもって一体化すること」と説明しました。そして市場の一体化は企業間の競争を激化させると説明しました。

　国境を越えて一体化した市場では、企業と企業従事者は、共通のルールや規格に沿って、競争的に事業の戦略を定めたり、その戦略に沿って事業活動を行ったりするようになります。すると企業と企業活動従事者の行動は自然と似通ったものとなり、商品とサービスの種類による違いはあっても、国や地域を超えて共通する部分が大きくなります。

　ある企業が全く新しい製品の製造・販売方法や事業運営方法を工夫し、技術開発やコスト削減に注力するなどして企業間競争で成功したとしても、国内外の他企業は成功した企業を研究して類似する方法などを導入するので、結局、企業の行動様式はどの国、地域でも似通ったものになります。

　企業と企業従事者の行動が同じようなものになれば、それらに用いられる手段や便益も同様に似通ってきます。コンピュータやインターネットなどの情報通信システムとその利用の仕方、船舶・港湾や自動車・道路や倉庫・貨物ターミナルなどの輸送システムとその利用の仕方も国や地域を越えて共通する部分が多くなります。

　また、経済成長と国民生活の安定をめざして立案、実施される各国の経済政策も同様です。どの国の政府も、雇用の拡大、消費の拡大、所在する企業の競争力の強化や企業の設備投資の増大を政策目標に設定して、経済政策を進めています。例えば、工場の新設など企業の設備投資のための資金を低利で供給したり、その経費を税制上優遇する、あるいは港湾や鉄道、道路など輸送基盤を整備したり、電力や工業用水の供給体制を整備する、あるいは教育や職業訓練を通じて経済活動に必要な人材を確保したり、企業の技術開発を支援するなどの施策が共通して実施されています。

第2章　グローバル化

9．グローバル化は社会システムや人々の行動様式の共通化をもたらす

　グローバル化が共通化を促すのは経済活動や経済政策だけではありません。経済活動に関連する社会システムやそれらに関する各国政府の政策も共通する部分が大きくなります。

　例えば、法人税や消費税などの税制、労働時間や賃金支払方法などの労働基準、工場等の有害物質の排出規制等の環境基準、製造方法の特許、商標、デザインなど知的財産権の取扱基準などです。これらは、企業と企業従事者の行動の共通化によって自ら似通ってくることもありますし、世界貿易機関WTOや環太平洋戦略的経済連携協定（環太平洋パートナーシップ）TTPを巡る交渉など、各国の政府が協議する場で、各国の企業の競争条件を公平にするなどの観点から、意図的に共通化される場合もあります。

　また、外国で生産、加工された一般食料品が販売されることが増えてきたことに関連して、食料品に関する社会システムについても共通化が進んでいます。国際連合食糧農業機関FAOと世界保健機関WHOの合同委員会で世界共通の食品製造、保管等に関する安全確保基準－HACCP（ハセップ）と呼ばれる手順を基本とする基準－が定められ、各国政府に導入を勧告しています。これとは別に、食品安全に関連した食品の品質や製造場所、原材料などの表示システムが、消費者等からの要求に応えて、先進国を中心に整備されてきました。表示方法、内容には国や地域による違いがありますが、社会システムとして食品表示制度を設けたことは共通ですし、方法、内容についても今後共通化が進んでいくと思われます。さらに、ワインやチーズ、肉などについて、有名な産地の保護や競争力強化等の観点から、各国・地域で原産地証明制度の導入が進んでいます。

　そしてもう一つ重要な共通化があります。人々の職業生活における行動様式、より豊かな職業生活を求める際の行動様式、経済的利潤を求める際の行動様式などの共通化が進んでいることです。

　日々の職業生活でPCを操作し、ワードやエクセルを駆使するのは世界共通です。先進国と発展途上国を問わず、人々は仕事のやりがいや給料などよ

第1部　グローバル人材の育成

り豊かな職業生活を求めて大学院や専門学校、職業訓練機関で学ぼうとします。また、より豊かな処遇と職務内容を提供する企業であれば企業国籍を問わず積極的に転職しようとします。さらに、人々はより大きな経済的な利潤を求めて、積極的に投資活動に参加しています。

グローバル化はこのような状況も含めたより広い概念と考えることもできます。その場合、グローバル化とは、共通のルール・規格を伴う国境を越えた市場の一体化と、これによってもたらされた経済活動とそれに関連する社会システムの共通化、経済政策と関連社会政策の共通化、そして人々の行動様式の共通化の総体ということになります。

10. 何が国境を越えた市場の一体化をもたらしたのか、それはこれからも続くのか

グローバル化とは何かについて説明してきましたが、ここでどうして国境を超えて市場が一体化したのか、そのような状況は今後も続くのかについても触れておきます。

グローバル化そのものについて研究者や企業経営者、経済評論家などが一致して認めている厳密な定義が未だ無いように、グローバル化をもたらした要因についても様々に説明されています。

それらを整理すると、グローバル化の要因として最有力なのは、① PC やインターネットなど情報通信手段が高度に発達したことです。

消費者は、ICT のおかげで、いつでもどこにいても、国内外のより安価でより良質な商品やサービスを知って、購入できます。同様に、企業は、国内外を問わず商品やサービスに対する需要を的確に把握して、より多くより高く販売できるようになりました。また、企業間の取引においては、相手が遠隔地に所在していても、映像通話や電話会議、メール、ウェブサイトなどにより、必要な情報を互いに入手し、相手と直接交渉して、企業間で商品やサービスの品質、価格、取引量などを合意して契約できます。

情報通信手段が高度に発達したことを重要な要因としながらも、そのほかの有力な要因として、②自動車や電子機器などの製造において国際分業が進

第2章　グローバル化

んだこと、③アメリカが主導して日本や欧州などの自由市場資本主義諸国で規制緩和が進んだこと、④社会主義経済であったソビエト連邦が崩壊し、中国が市場経済を導入したことにより、それらの勢力下にあった東欧やインドシナ半島地域を含めて市場経済人口が急速に拡大したこと、⑤東南アジアなど発展途上諸国が国際分業や工業化による経済成長を通じて消費市場として発展したこと、などが説明されています。

　グローバル化の要因として挙げられたこれらの状況は、これからも持続すると考えられています。特に、情報通信手段については、インターネットを通じたクラウド・サービスやスマートフォンなど、今後、技術的にさらに発達するだけでなく、より使い易く、より幅広く生活に関わっていくでしょう。

　逆に、製造業で国際分業が縮小する、自由市場資本主義諸国で経済規制が再び強化される、あるいは中国やロシアが政治的な理由などで市場経済から離脱するなどのことは考えられません。むしろ、TTPに代表される自由貿易協定の拡大は発展途上国・地域における規制緩和を進めると予想されます。さらに、およそ10年後に中国を抜いて人口で世界最大になると予想されるインドが、経済規制を緩和して日本や欧米のような自由市場資本主義経済への転換を進めれば、グローバル化はさらに進展することになります。

第1部　グローバル人材の育成

第3章
グローバル化と学校教育(1)

1．グローバル化が学校教育に与えた影響－三つの面

　グローバル化は学校教育にも大きな影響を与えています。こう説明すると「グローバル化って経済のことなのでしょう。どうして教育に関係があるの？」と不思議に思う方もいるかもしれません。けれど、経済と学校教育は、経済活動を担う人材を育成するという点で深い関係があり、これまでも経済の動向は学校教育に大きな影響を与えてきました。グローバル化も同様です。

　グローバル化が学校教育に与えた影響は大きく、様々な面に及んでいますので、ここでは三つの面に整理して考えます（図3−1）。

　一つは、国境を越えた教育サービス市場の一体化による影響です。これにより大学や学校の間で、また国ごとの教育システムの間などで国際的な競争が行われています。

　もう一つは、国境を越えた雇用と労働力の市場の一体化による影響です。これに対応して、各国の学校教育の目標が共通化するとともに、国内外を通じて学修成果や修得知識能力を保証することが学校教育上の課題となってきています。

　そして三つ目は、グローバル化によって企業間競争が激化し、国境を越えた事業拠点の開設、移転が増加したことに対応するため、各国・地域が産業競争力、産業立地魅力度の向上をめざして競争していて、これに関連して人

図3-1　グローバル化が学校教育に与えた影響

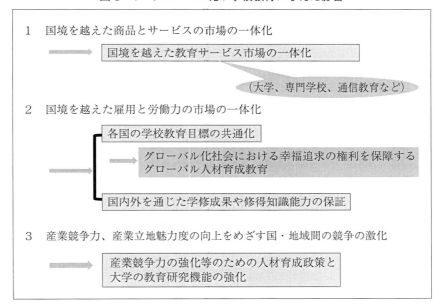

材育成政策が強化されたことなどです。

2．国境を越えた教育サービス市場の一体化による影響

　第2章「4．グローバル化とは『国境を越えた市場の一体化』」で、サービス事業の例として宿泊予約サービス、自動車保険、有料音楽配信サービスなどとともに、教育・学校などを挙げました（図2-2）。教育サービス事業には語学教育など各分野の専門学校、各種学校、通信教育、教材販売、研修事業とともに、大学や小中学校などの正規の学校教育が含まれます。正規の学校も学校教育というサービスを提供するサービス事業です。

　宿泊予約サービス事業の市場が国境を越えて一体化するのと同じように、教育サービス事業の市場も国境を越えた一体化が進んでいます。そのことは正規の学校の行う学校教育でも同様です。図3-2は、国境を越えた教育サービス市場の一体化により学校教育がどのような影響を受けているかを整理し

第1部　グローバル人材の育成

図3−2　国境を越えた教育サービス市場の一体化による影響

---

① 学生の確保、研究資金の確保を巡る国境を越えた大学間の競争の出現
　（留学生の増加、外国大学との共同学位プログラム）

② 欧米有力大学による海外分校の開設、増加

③ 大学システムに関する国際標準を巡る国・地域連合間の競争の出現
　（WTO における米国の大学教育サービス事業の自由化提案、欧州のエラスムス・ムンデュス、ユネスコ・OECD によるガイドライン）

④ 学校等が提供する教育の質を国境を越えて評価する事業の進展
　（Times Higher Education、QS などの世界大学ランキング事業）

⑤ 各国の大学とその関連システムへの米国方式の導入
　（課程制大学院制度、競争的資金による研究支援、産学連携による研究）

⑥ 学校等が提供する教育の質を国境を越えて国際的に保証する事業の進展
　（国際バカロレア認定校の拡大、国際標準化機構の教育事業の国際標準）

⑦ 国境を越えて個人の学修成果又は能力形成を認定する事業の進展
　（TOEFL/TOEIC、国際バカロレア）

たものです。

3．国際的な大学間競争と大学ランキング事業の出現

　大学教育サービス市場の一体化が進み、現在では地球規模で学生や研究資金が流動しています。図3−3のグラフはオーストラリアの非営利法人IDPが2003年に推計した留学生の増加状況で、2000年に200万人以下の留学生数が2025年には700万人を超えると予測しています。ところが実際の増加ペースは推計を上回っていて、2015年に400万人に達すると予想されていたのが、2012年に400万人を超えてしまいました。

　商品・サービス市場の一体化により企業間競争が激化したように、学生や研究資金の流動に対応して、優秀な自国の学生と外国人留学生をより多く受

け入れ、企業等からの研究委託や共同研究の研究資金をより多く獲得しようと、米国、欧州、日本、シンガポール、中国、韓国、オーストラリア、カナダなどの有力研究大学が激しく競争しています。例えば、日本は、21世紀初めに10万人を超えた外国人留学生をさらに30万人に増やす計画を2008年に決定し、大学国際化拠点事業（グローバル30）、スーパー・グローバル大学事業によって、選ばれた大学に重点的に資金を投入して大学の国際化を進めています。グローバル30を通じて、外国人留学生が増えるとともに、外国の高校や大学を卒業した後すぐに日本の大学や大学院に進学する外国人学生も珍しくなくなっています。その一方で、日本の高校を卒業後に米国の大学に進学するケースが急速に増えていると言われています。

また優秀な外国人学生をより多く確保するため、有力大学が海外にキャンパスを設けることも増えています。例えば、エール大学は国立シンガポール大学内に学寮（カレッジ）を設けましたし、パリ第7（ソルボンヌ）大学はアブダビに分校を開設しました。

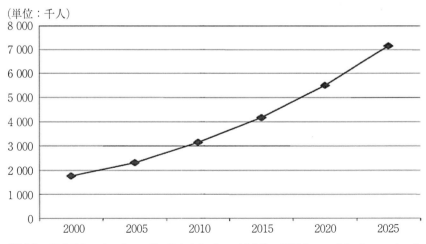

図3-3　IDP が 2002 年に発表した留学生総数の増加予測

（出典）　IDP Education Australia, Global Students Mobility 2025 Demand for International, MEDIA BRIEFING, P5,,

第1部　グローバル人材の育成

　地球規模で流動する学生や研究資金をより多く確保しようとする国際的な大学間競争を背景に、Times Higher Education（THE）やQSなどの世界的な大学ランキング事業が出現し、大学間競争をさらに熾烈なものにしています。

　大学をランク付けすることは以前からありました。しかし、世界の大学を対象に事業として毎年行われるものはなく、時たま行われてもキャンパスの面積や学生当たり教員数などを基準としていたので注目を集めるほどのものではありませんでした。

　しかし、2004年から英国の高等教育情報誌THEが世界大学ランキングを毎年発表し、また2010年からそれまでTHEと連携していた英国のQS社が独自に世界大学ランキングを発表するようになりました。これらは学術論文数やその引用度などで研究力を、大学関係者や企業の評価などで教育力をそれぞれ評価し、さらに産学連携や国際化を加味した総合的なランキングで、各国で大きな注目を集めています。

　とりわけ、世界的に評価が高い大学へ入学したいと考える学生と、提供する資金に見合う研究成果を期待する企業にとって、世界大学ランキングは有用な判断材料となります。それゆえ、国際的な大学間競争の渦中にある有力研究大学にとって、世界大学ランキングで上位にランクされることは優秀な学生と企業が提供する研究資金を獲得するための必要条件となっています。このため有力研究大学は、前年よりも順位を上げるため、ランキングの評価指標とされている論文数や引用度、教育力に関する評判、産学連携活動、国際化度の向上に必死で取り組んでいます。その結果、競争はますます激しくなります。

　平成25年、日本は、今後10年間で世界大学ランキングのトップ100位内に日本の10大学がランクインすることを政府目標として閣議決定しました。しかし、同年に発表されたTHEの2013-2014ランキングでは、日本の大学は100位内に2大学、100-200位に3大学、200-400位に6大学がランクインし、翌年の2014-2015ランキングでは100位内に2大学、100-200位に5大学、200-400位に7大学がランクインしている状況です。政府決定を実現す

るのはなかなか容易でないと思われます。

４．大学とその関連システムの事実上の国際標準は米国方式？

　米国の大学が海外分校や提携大学を開設することに関連して、米国は2000年に世界貿易機関 WTO において各国の大学が他の国で分校を設けたり、通信教育を行うなど国境を越えた大学教育実施の自由化を提案しました。しかし、大学の設立に政府の認可を必要とする日本や大学設立を原則として国（州）立大学に限定する欧州諸国は米国の提案に対抗し、国によって異なる大学設立の手続や教育の質保証システムをグローバル化が進む状況の下でどうするかなどについて、経済協力開発機構 OECD と国際連合教育科学文化機関 UNESCO の合同委員会の場で協議することとなりました。2005年に「国境を越えて提供される高等教育の質保証に関するガイドライン」が採択され、大学に関する基準の設定、設立に要する手続や審査、設立後の適格確認や評価などの大学とその教育の質保証システムについては各国のシステムを相互に尊重することになりました。

　ガイドラインが採択されましたが、大学とその教育の質保証システムに関する国・地域間の競争は終わりませんでした。

　欧州諸国は、国際的な協議と並行して、1999年から欧州域内の大学制度の統一を進める（ボローニャ・プロセス Bologna Process）とともに、米国に対抗して欧州の大学システムの欧州域外への普及を念頭に置いて、2004年から欧州域外の大学と域内の大学との共同教育事業（エラスムス・ムンデュス Erasmus Mundus Programme）を行っています。また、欧州の大学関係者は大学教育の質保証について新しい方式（チューニング tuning）を提唱し、域外への普及を進めています。

　これに対抗する観点から、日本も日本の大学とアジアの大学等との日本の大学システムを基本とする共同教育事業（海外との戦略的高等教育連携支援事業）を進めています。

　このように大学の基本的な仕組み（修業年限、学位、単位等）と設立などの仕組み（基準設定、手続等）に関しては米国システムとそれ以外の国・地

第1部　グローバル人材の育成

域のシステムとの競争が続いています。

　しかし、大学にとって最も重要な教育や研究のスタイルや方法については、米国の方式が事実上の国際標準となっています。また、研究に関連する資金の確保や評価の仕組み、大学の財政運営などの仕組みについても米国の方式が事実上の国際標準となっています。それは米国の大学の教育機能、特に大学院による人材育成機能が国際的に高く評価され、それらが米国の科学技術力、経済力の基盤となっていると認識されているからです。

　米国の大学教育の特色は、人材育成目的に応じて教育課程を編成し、教員集団が組織的に教育課程を実施するとともに、成績管理、課程修了認定、学位授与等を学内基準に基づき統一的にしかも厳格に行って、企業や学外の人々に学生の学修内容と学修成果を保証することにあります。また、大学や大学院の教育内容に、社会・職業生活上の技能や実務・実践に関連するものあるいは有用なものが多いこと、社会人向けに多様なコースや履修形態が用意されていること、学生以外の市民等に対する教育事業が盛んなことなども特徴的です。

　研究の特色としては、連邦政府などが提供する研究資金を競争して獲得して研究を行うこと、企業との共同研究や企業からの受託研究など産学連携が盛んなこと、企業による事業化に結びつく優れた研究成果を数多く生産していること、学生や教員が設立したベンチャー企業が国の技術革新の基盤となっていること、研究論文数やその引用度等により教員が厳しく評価され、評価に基づいて雇用の継続や処遇が決定されることなどが挙げられます。

　日本やイギリス、フランス等の国々は、このような米国の大学の優れた教育機能、研究力、事業化に結びつく研究、産学連携システムなどが米国の科学技術力、経済力の基盤となっていると考え、既に1980年頃から米国に倣った課程制大学院制度や大学評価制度、産学連携制度などを導入しました。さらにその後、大学に対する政府からの財政支援を、徐々に、競争的な資金配分に転換しています。

　また、THE と QS の世界大学ランキングが米国の大学の特色や米国で一般的な評価項目を評価指標に採り入れたことから、世界大学ランキングでは

第3章　グローバル化と学校教育(1)

米国の大学が上位を占めることになりました。その結果、日本や欧州諸国など各国の大学や政府はますます米国方式の教育や研究のスタイルや方法の導入に熱心に取り組むようになりました。

5．国境を越えて教育の質や能力形成を認定する事業の発展

　教育サービス市場が国境を越えて広がると、国内外にある多くの学校や教育機関の中で対価に見合うサービスを提供する学校等を見分けることが難しくなります。また、ある教育コースを受講、修了しても、受講、修了したことが他の国でも正当に評価されるかどうかを確認するのは困難です。食料品にJASマークが付いていれば安心して買えるように、良質の教育を合理的な価格で提供する学校を弁別できる仕組み、また受講、修了した効果が他の国でも通用する教育コースを確認できる仕組みが必要となります。

　また、教育サービス市場の国境を越えた一体化により、地球規模で学生が流動して有力な研究大学などへの入学をめざすような状況が出現すると、受け入れる大学等が多数の入学希望者の学力等を詳細に確認することは困難になります。その場合にも、良質の教育を提供する学校を弁別できる仕組みや修了したことが他の国でも正当に評価される教育コースを確認できる仕組みが機能します。例えば、良質の教育を行う学校等を認定する仕組みがあれば、認定された学校等を修了したことを入学要件にすることで学力等の詳細な確認を効率的に行うことができます。

　また、学校等の修了を確認しただけでは、受け入れる大学が求める能力、例えば、英語での意思疎通能力などが確認できない場合、英語での意思疎通能力などを確認できる別の仕組みが必要になります。

　こうしてグローバル化は、国境を越えて教育の質を保証する事業、例えば、教育の分野、内容、対象、機能などごとに、学校と教育コースを認定し、認定された学校や教育コースの修了が世界各地で一定の社会的効力を持つようなサービス事業、あるいは国境を越えて学修成果や能力形成を認定するサービス事業を発展させます。

　例えば、国際バカロレア機構IBOは世界各地のインターナショナル・ス

29

第1部　グローバル人材の育成

クールや学校が実施する国際バカロレア・プログラム－初等教育段階の
PYP、中等教育段階の MYP、大学入学資格が認められる DP 等など－を認
定しています。そして DP の修了試験に合格した者は国境を越えて大学入学
資格が認められます。多くの有力研究大学において、DP の修了試験の成績
が学力、能力を証明するものとして取り扱われています。

　近年、IBO により認定された学校とプログラムが、数の上でも地域的な
広がりの面でも拡大して存在感を増すとともに、各国の学校教育にも影響を
及ぼしています。日本では、立命館宇治高校が、学校教育法に定める学校と
して、初めて DP の認定を受けました。文部科学省はこれをさらに200校程
度に拡大することとしています。また、英語による履修コースの拡大に併せ
て、DP の修了試験の成績を入学者選抜に用いる大学が増加しています。な
お、IB プログラムとその内容等については、第 1 部第11章と第 3 部に詳し
い解説を載せていますので、そちらをご覧ください。

　また、これまで工業製品の規格や品質管理の基準等を定めて規格・基準に
適合する企業や事業場の認証を行ってきた国際標準化機構 ISO が、認証対
象を教育サービス事業にも拡大しています。既に、非正規学校の学習事業に
関する基準として ISO29990が、非正規学校による語学教育事業に関する基
準として ISO29991が制定され、日本でもいくつかの予備校、語学学校など
が認証されています。

第4章
グローバル化と学校教育(2)

1. 国境を越えた雇用と労働力の市場の一体化と学校教育

　国境を越えて一体化された市場では、共通のルールの下で、様々な国の企業が入り乱れて激しく競争が行われます。

　市場経済における企業間競争の基本は、いかに商品・サービスの質を上げ、いかに価格を下げ、いかに安定的に供給するかです。グローバル化による企業間競争の激化に対応して、どの国の企業も商品やサービスの品質を向上させ、商品の製造販売やサービスの提供に要するコストを削減することを基本原理として行動するようになります。すると、生産、輸送、販売の面でも、あるいは管理、企画、研究開発などの面でも、行動様式や活動内容は類似したものとなります。また、企業の従業員の活動内容も、同じ業種の同じ業務であれば、どの国の企業でもどの国で事業を行っても、似通ってきます。

　業務内容が同じようであれば、その業務に従事するのに必要な資質能力も同じようになります。

　また、市場の一体化によって市場に提供される商品やサービスの共通化が進むと、それらを用いた人々の行動も共通化が進みます。例えば、自動車で通勤したり買い物に行く、カードで買い物をする、パソコンやスマートフォンを使う、ネットで情報を得たり買い物をするなどは、先進国に限らず、発展途上国でもごく普通に見られる光景です。

第1部　グローバル人材の育成

　こうして職業的、社会的に自立して生活するために必要な資質能力は、国や地域を問わず、同じようなものとなります。また、人々は、どの国や地域でも、知識や技術を習得してより高い収入、より豊かな生活を得ようと努力しますから、同じような資質能力を身に付けた人々がどの国や地域にも存在するようになります。

　このような傾向は、企業がその事業拠点を国境を越えて移すことを容易にします。例えば米国や日本、欧州の企業が、その本国以外の世界各地域の拠点となる国に製造・販売等の事業拠点を設けたり、あるいは一たん設けた事業拠点を賃金水準がより安い他の国に移したりすることを容易にします。また逆に、人々が働くために国境を越えて移動すること、例えば、職を求めて外国に移住する、より多額の給与を払ってくれる外国の企業に転職することなどを容易にします。あるいは企業が本社要員として外国人を採用したり、外国で求人活動をしたりすることを容易にします。

　こうした国外への事業拠点の開設・移転、国境を越えた労働者の流動や求人・求職活動、国籍や出身地を問わない採用や本社要員への登用は、企業従業員等として働くために必要な資質能力の共通化をさらに加速することになります。

　国境を越えた雇用と労働力市場の一体化においては、大学も例外ではありません。

　欧米の大学では、既に多数の外国人教員が雇用されています。政府や企業が提供する研究資金を大学が獲得するためには、優秀な教員を集めることが必要です。そのため、欧米の大学では優秀な教員でありさえすれば国籍を問わずに雇用することがごく普通のことになっています。

　THEやQSの世界大学ランキングでは外国人の学生と教員の比率が評価項目となっていて、欧米の大学に比べて外国人の学生と教員の比率が低いことが日本の大学の順位を押し下げています。大学の研究力を高めて国際的な競争に耐えていくためにも、グローバル人材育成に相応しい教育環境を整える観点からも、外国人教員を増やすことが日本の大学の課題となっています。このため政府の大学国際化拠点事業（グローバル30）（2009－2013年）、

第4章　グローバル化と学校教育(2)

図4−1　国境を越えた雇用と労働力市場の一体化による影響

①　各国の学校教育の目標等の共通化

②　各国の学校教育政策間の現実的、具体的な競争の出現
　　（他国の学校教育政策の調査分析、政策担当者間等の交流の活発化）

③　国境を越えた学校教育の修得目標・修得内容に関する標準の設定
　　（OECD によるキー・コンピテンシーと PISA テスト、米国連邦教育省
　　による 21 世紀型スキル）

　　　　　　　　　　　　　　グローバル化社会における幸福追求の権利を
　　　　　　　　　　　　　　保障するグローバル人材育成教育

④　国境を越えて個人の学修成果又は能力形成を証明する事業の進展
　　（TOEFL/TOEIC、国際バカロレア）

⑤　各国での企業など利害関係者に対して学修成果の保証を基本とする大学
　　教育の質保証制度の整備
　　（教育活動の学位プログラム化、欧州のチューニング）

⑥　各国での大学の教育情報の公表制度の導入、整備

スーパーグローバル大学事業（2014年−）では数値目標を設定して外国人教員比率を高めていくこととしています。

　また、国境を越えた雇用と労働力市場の一体化は、当然、学校教育にも大きな影響を与えます。図4−1はそれらを整理したものです。

２．学校教育の目標等の共通化

　現在のような学校制度、すべての国民を対象とし、修業年限などの基本的な枠組みや性格が公的に定められ、就学義務を伴う近代学校制度は、19世紀後半に欧米や日本等で始まりました。近代学校制度の整備は国民国家と産業社会の形成と並行して進められました。その目的は、人々を、国民国家を構成する国民、及び近代的な産業活動を担う良質の労働者として、育成するこ

第1部　グローバル人材の育成

とにありました。このような近代学校制度の目的や性格から、学校教育の目標、特に初等教育段階の学校教育の目標は世界的に同じようなものになっています。

　それに加えて、グローバル化による企業の従業員等として働くために必要な資質能力の共通化は、小学校など初等教育段階の学校から、中学校や高校など中等教育段階の学校、大学など高等教育機関までを通じて、教育目標や育成しようとする能力の共通化の度合いを深めています。例えば、英語によるコミュニケーション能力、ICT を用いた情報処理能力、論理的な思考力と表現力、プレゼンテーション能力などは、世界のどの国、地域においても学校教育の目標とされています。（英語圏の国・地域においても、英語を話さない移民や難民に対する英語教育が重要な教育政策上の課題になっています。）

　こうしたことから各国の教育政策上の課題や学校教育の改善・改革目標なども共通する要素が増え、共通の改善・改革目標に向けて各国が教育政策を競い合う状況になっています。そうした状況の中で、他国の教育政策・施策を調査・分析して模倣・改良することも盛んに行われていますし、各国の政策担当者や政策研究者の間での情報交換や意見発表、共同研究なども活発になっています。

　また、学校教育の改善に向けた国際的な協調や国境を越えて標準的な教育目標や修得内容を設定しようという取り組みも進展しています。

　1992年、米国でアジア太平洋経済協力 APEC 教育大臣会合が行われ、米国が初等教育における国際的な標準となる教育内容を策定しようと提案し、それに向けて関係国が協力することが合意されました。（会議には、当時、米国の連邦政府機関に研修派遣されていた筆者も参加していました。）その後、米国は、2002年に連邦教育省を中心に21世紀型スキルを策定し、情報・メディア分野等のグローバル展開企業との提携 Partnership for 21st Century Skills を通じて、その国際的普及を進めています。

　これとは別に、経済協力開発機構 OECD は1997年に DeSeCo（Definition and Selection of Competencies）プロジェクトに着手し、2003年にキー・コ

ンピテンシーKey competencies を策定しました。OECD はこれと並行して
1997年から PISA（Programme for International Student Assessment）を
実施し、各国の学校教育がキー・コンピテンシー修得に向けて改善されるこ
とを促しています。さらに、大学教育の学修成果を測定する AHELO（Asse
ssment of Higher Education Learning Outcomes）プロジェクトを進めてい
ます。

　これらの教育目標等の共通化や国際標準の設定は、教育を受ける側にとっ
ても大きな意味を持っています。共通化された目標や国際標準に示されたも
のは、これまでの学習指導要領に示されているような知識や技能を超えた、
企業の従業員等としての職業生活を送るために必要な資質能力、しかも地球
規模で共通に求められる資質能力です。個人が職業に就いて幸福を追求して
いけるかどうかは、それらの資質能力が学校教育を通じて修得、形成される
かどうかに大きく左右されます。

　グローバル人材育成教育は、多くの場合、産業競争力の一環としての人材
育成という観点から論じられています。しかし、雇用と労働力の市場が一体
化し、共通の資質能力が求められる状況の下で個人が幸福を追求していく権
利を保障する、言い換えればグローバル化社会を生きる力を育てるという観
点からも重要な意義を持っています。

3．国境を越えて学修成果や能力を証明する事業の発展

　第2章で、地球規模での学生の流動に関連して、国境を越えて学校等の教
育の質を保証する事業と学修成果や能力形成を証明する事業の発展について
説明しました。しかし、国境を越えて学修成果や能力形成の証明する事業の
発展については、国境を越えた雇用や労働力の市場の一体化との関連で考え
ることも重要です。

　国境を越えて雇用や労働力の市場が広がると、外国で働くこと、外国の企
業に雇用されること、国境を越えて求人・求職活動を行うことなどがごく普
通のことになります。

　日本でも毎年の新規大学卒業者採用のうち1割程度を外国人留学生とする

第1部　グローバル人材の育成

企業が増えていますし、毎年千人を超える外国大学の新規卒業者が採用されています。また、日本の就職情報企業が英米等の主要都市で開催する日英バイリンガル学生等を対象とする就職説明会には、多数の日本の大学に在籍する日本人学生と多数の日本企業等が参加しています。

このため国内だけでなく国外でも通用する資質や能力の証明が必要になります。国際的に通用する資質や能力の証明の代表例は大学で取得した学位（学士～博士）ですが、それ以外にも様々な個別の資格や特定の能力を証明する仕組みがあり、特定の団体や企業によるサービス事業として発展しています。

特に、グローバル化の進展に対応して英語でのコミュニケーション能力の証明が重要さを増しています。例えば、米国の非営利団体 ETS が実施する TOEIC には600万人以上が受験し、日本、アジア、欧州の企業で一定の TOEIC スコアを採用要件とするものが増えています。

４．大学による教育の質の保証に向けた取り組みの発展

学士、修士、博士などの学位は、本来、大学で修得・形成した知識や能力を証明するものです。特に、米国では、学位による知識や能力の証明が社会的に信頼されるような仕組みがとられています。

どのような仕組みかというと、まず教育プログラムごとに人材育成目標と修得・形成が予定される知識や能力が明確に設定されます。また、それに相応しい教育課程が編成され、成績認定、進級認定、学位授与等の基準等が設けられます。次いで、これらの内容を学生や企業など大学教育の利害関係者に明示します。その上で厳格な成績判定と学位審査が行われます。学生が所定の学修を収めたことに加え、予定された知識が修得され、能力が形成されたことが確認されると、学位が授与されます。

ところが日本や欧州などでは、学位が示すものは特定分野の学部の課程を修了したこと、あるいは大学院で特定分野の研究活動に従事して一定の研究能力が身に付いたことだけで、学生がどのような学修を行い、どのような知識、能力が修得、形成されたかは学生と教員のほかは知らないという状況で

36

した。それでも国内の企業に就職するのであれば、それぞれの大学の社会的評価に基づく学生の能力への一般的な信頼のようなものがあって特段の問題は生じません。しかし、国外の企業に就職する場合、グループ内で同じ採用方針を持つ多国籍企業や外資系企業に就職する場合には、国内での評判や合格偏差値などは通用しません。

米国の大学の学位は、課程修了者の知識、能力が目標レベルに到達したことを保証するものです。このため、国境を越えて一体化した雇用・労働力市場では米国の大学の学位を持つ者が優位に立てます。そのことは世界各地の優秀な大学入学希望者にアピールし、国境を越えて一体化した大学教育サービス市場における米国の大学の競争力をさらに強めています。

日本、欧州などの大学は、雇用・労働力市場で卒業者の就職を有利にするためにも、教育サービス市場で優秀な学生、留学生を確保するためにも、米国の大学に倣って、学修成果の保証を基本とする教育の質保証システムの整備を進めています。また、欧州では、分野別に、欧州域内共通の標準的な学修成果内容・水準を設定し、それに基づいて各大学が具体的な学修到達目標を設定する取り組み（チューニング）を進めています。

大学教育の質の保証で肝腎なことは、企業や学費の負担者など学外の利害関係者に教育上の目標や教育内容、成績判定基準などを明らかにすることです。また、入学、進級や退学の状況、卒業と卒業後の状況など教育と学生等の実態も、学外の利害関係者に明らかにされなければなりません。このような観点から、これらの教育情報をそれぞれの大学が学外の利害関係者に公表する制度の整備が各国で進められています。日本でも平成22年に導入されました。

5. 産業競争力、産業立地魅力度の向上をめざす国・地域間の競争の激化と学校教育

各国の政府は、これまでも、自国の企業が競争に耐えられるよう、あるいは有力な企業が自国に工場や事業拠点を開設するよう、産業競争力、産業立地魅力度の向上をめざす政策を進めてきました。

第1部　グローバル人材の育成

　その目的は自国の企業や自国に立地する特定の企業を応援することではありません。それらは国内に立地する企業が競争に負けて国内の雇用が減るのを防ぐ、国内に立地する企業が有利になるような環境を作り出して国内の雇用の拡大を図る、さらには国内に立地する企業による設備投資や輸出、企業が雇用した人々による消費などを通じて国内の経済を成長させ、国民生活を安定、向上させるという観点から行わるものです。

　ところが、グローバル化により企業間競争は激しさを増し、産業競争力政策の強化が必要となりました。また、グローバル化は企業が海外で事業を展開することを促し、外国に事業拠点を開設する、国内の事業拠点を国外に移す、外国の事業拠点をさらに別の国に移すことなどが頻繁に行われるようになりました。これに対して自国の産業立地魅力度を一層高める政策が必要となりました。

　産業競争力や産業立地魅力度を高めるためには、最新の製造装置などの整備に必要な資金を低利融資等によって提供すること、港湾、鉄道、道路などの物流基盤を整備すること、電気や水道などを安定的に供給することも重要ですが、何よりも産業活動を担う人材を育成、確保することが必要です。

　また、企業や大学の研究開発力、研究開発人材も、産業競争力を構成する重要な要素です。現在は知識を基盤とする経済の時代と言われます。例えば、遺伝子組換技術を駆使して医薬品等を開発するバイオ・インダストリー、ICT機器や人工知能を開発する情報・電子産業、ナノテクノロジーを駆使して新材料を開発する化学産業、それらの技術や材料等を用いて新しいエンジンや運転装置を開発する自動車産業、新しい利便性を提供するサービス産業などが経済成長を牽引しています。

　これらの知識を基盤とする経済における産業競争力は、企業や大学の研究開発力の水準、大学での研究成果を円滑に事業化又は産業移転するシステムの良し悪し、そして何よりも企業や大学における研究開発を担う人材を分野ごとに必要なだけ育成して確保できるかにかかっています。

　グローバル化に対応して各国の政府がそれぞれの産業競争力と産業立地魅力度の向上をめざして政策を立案し、様々な施策を実施していますが、国境

第4章　グローバル化と学校教育(2)

図4-2　産業競争力等の向上をめざす国・地域間の競争の激化よる影響

① 政府主導での大学、学校における英語教育の充実

② グローバル人材育成のための学校～大学を通じた教育の導入・推進

③ グローバル人材育成のための環境整備としての大学等の国際化
　（外国人の教員及び学生の受入促進、外国留学支援）

④ グローバル化に対応する高度専門／研究人材の育成のための大学院拡大

⑤ 政府による資源の競争的・重点的投入による大学の研究力の強化

⑥ 政府主導での産学連携の進展

⑦ 小学校から大学院までを通じた研究人材育成のための教育の導入・推進

を越えた市場の一体化と経済活動の共通化は、それらの政策・施策の共通化をもたらし、国・地域間の激しい競争をもたらしています。その結果、産業競争力と産業立地魅力度の重要な要素である人材、研究開発力に着目した政策が各国で導入され、学校教育に大きな影響を及ぼしています。図4-2は、それらを整理したものです。

6．大学、学校における英語教育の充実

　グローバル化に対応する産業政策的観点からの人材育成政策の代表例が、学校の英語教育の充実と学校教育を通じたグローバル人材の育成です。

　このうち英語教育については、例えば、韓国では既に2000年頃に「英語」が小学校の教科となり、小中高校生の留学が解禁されました。その後、李明博（い・みょんばく）大統領（在任2008－2013）が政権の「五大国政指標」に「人材大国」と「グローバル・コリア」を掲げ、小学校に英語の特別教室を設置する、小学校高学年の英語の授業を週3時間に増やすなど英語教育強化を主要施策として推進しました。

　また、欧州共同体 EU では、語学教育の標準的な学修到達目標を示す参照

39

第1部　グローバル人材の育成

基準を設定し、小学校から自国語に加えて EU 内で用いられている二つの外国語を教えています。教える外国語は英語でなくてもよいのですが、実際には英語を教えることが多いようです。特に、フィンランドやスペインなど EU 成立後に EU に加入した国では英語を教えることが一般的です。

　また、教育サービス市場の一体化に対応して優秀な外国人学生を受け入れるため、非英語圏の有力大学が英語で履修できる教育コースを設けることが増えてきました。例えば、日本では、英語で履修できる教育コース開設が「グローバル30」、「スーパー・グローバル大学事業」の応募要件とされています。イタリアの国立大学、フランスの国立大学でも、多くの大学において英語で履修可能な教育コースを開設しています。

7．大学院の拡大、大学の研究力の強化、産学連携の進展など

　図4-2に示した事項のうち、グローバル人材育成や英語教育の充実については、次章以降で詳しく解説することとして、ここではそれ以外の事項についてざっと説明します。

［大学院の拡大について］

　新しい技術や製品の開発など、企業で研究開発活動に従事する人材は大学院レベルで育成することが必要です。

　また、グローバル化は共通のルールを伴う国境を越えた市場の一体化ですから、企業間の契約や取引、会計処理についても、国際的なルールや標準的取り扱いを熟知している上に、欧米での慣例、国際的な裁判やトラブルでの実例などについての知識や経験が必要となります。このような知識を学び、経験を深めるには大学院レベルでの教育と実地訓練が必要となります。

　このほかにも、政策形成、地域開発、教育、食品安全、環境保全、大規模システムの管理、機能性デザインなど、これまで学部レベルの教育で十分と考えられてきた分野にあっても、国際的な動向を踏まえた大学院レベルの教育が必要ですし、国際機関での活動や国際的な協議や交渉の場では修士や博士の学位の有無が重要な意味を持ちます。

第4章　グローバル化と学校教育(2)

　このため、米国以外の各国は、大学院の拡大を政策的に推し進めるとともに、米国方式の大学院システム－人材育成目的に沿った教育課程の下で体系的、組織的に教育を行う大学院－の導入を進めてきました。例えば、日本では、文部省が主導して昭和60年代（1980年代後半）から国立大学の大学院の整備を進め、大学院の入学定員を10年間で倍増しました。そして平成17年から米国方式の大学院教育を導入する大学に特別な財政支援をするなどして大学院教育の形態を大きく変えました。フランスも1980年代に米国方式の大学院システムを導入し、博士の学位の授与数に応じて教員のボーナスを増減するなどの措置をとって、学生を教育する機関としての大学院概念を定着させました。

[大学の研究力の強化、産学連携の進展などについて]

　米国、欧州各国、日本、中国、韓国、シンガポールなどでは、生命科学、物質材料科学、情報科学などを中心に、企業、大学、公的研究機関などを通じた研究開発関係の支出が増えています。中国では事情が異なりますが、研究開発関係支出の10～25％程度が大学での研究開発に使われ、その財源の多くは政府の財政支出によるものです。近年、生命科学や物質材料の分野の研究では、一つの研究課題で数億円～100億円という巨額の資金が必要となることから、研究テーマごとに政府が重点研究拠点を公募、選定するような仕組みがとられています。

　また、大学と企業の共同研究、企業から大学への研究委託、あるいは大学の教員や学生によるベンチャー企業の設立が奨励され、これらを税制や補助金を通じて支援する仕組みがとられています。それに関連して、企業への技術移転や起業により事業化が見込まれる研究や新しい技術・製品の開発などイノベーションを意識した研究に優先的に資金が投入される傾向が強くなっています。

　さらに、研究人材の確保のため、中等教育段階から科学技術教育のための特別な学校等を設けて、英才教育や早期教育を行ったり、自然科学分野への志向を育てたりすることも増えています。

41

第1部　グローバル人材の育成

第5章
グローバル化と日本

１．グローバル化に積極的に対応しなければならない日本

　これまでみてきたように、グローバル化は企業間競争を激化させるだけでなく、社会システムと人々の行動様式等の共通化をもたらし、学校教育にも大きな影響を及ぼしています。また、グローバル化に対応して、各国は産業競争力と産業立地魅力度の向上をめざして競い合うように産業政策を立案、実施し、その一環として英語教育の充実、グローバル人材育成、研究開発人材の育成など学校教育を通じた人材育成の取り組みを積極的に進めています。

　日本はこうした地球規模の経済と社会の変化に対して最も積極的に立ち向かわなければならない状況に置かれています。それは日本の人口が大きく減少していくからです。

　図5−1に示すように、日本の人口は2010年にピークを迎え、今後長期的に減少し続けると予想されています。2010年から2050年までの40年間で総人口が3098万人減ると予想されていますが、15歳から64歳までの生産年齢人口についてはさらにそれを上回って3102万人減少すると見込まれています。

42

第5章　グローバル化と日本

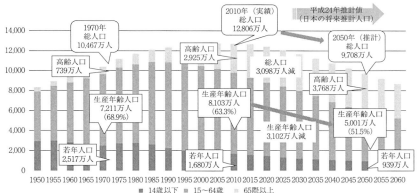

図5−1　日本の人口の推移と将来推計

（出典）　総務省「国勢調査」及び「人口推計」、国立社会保障・人口問題研究所「日本の将来推計人口（平成24年1月推計）：出生中位・死亡中位推計」（各年10月1日現在人口）、厚生労働省「人口動態統計」

2．人口減少と日本の経済、国民生活

　人口の減少は経済活動と国民生活に大きな影響を与えます。

　まず商品とサービスを消費する人の数が減るので、人々の所得水準が上がらない限り、国全体の消費規模が縮小します。それは国全体の経済活動の規模の縮小に結び付くおそれもあります。多くの人が、中学校、高校で、日本は工業製品を輸出して発展してきた、と習ってきたと思います。しかし、日本のGDPに対する貿易額の割合は2000年頃まで20％前後で、同時期にドイツ、フランスが50％前後、イギリスが60％弱であったのと比べると経済規模に占める貿易の比重が小さかったことがわかります。むしろ人口に連動した国内市場規模が比較的大きかったことが日本の経済成長を支えてきた要因の一つと考えられます（図5−2参照）。個人消費がGDPの60％程度を占めていることを考慮すれば、人口減少は経済成長を停滞させ、さらには経済規模を縮小させるかもしれないと容易に想像されます。

　また、生産年齢人口の減少により、生産、輸送、販売、管理、事務処理などの生産活動に従事する人数が制約されます。日本では、工場の製造ライン

第1部　グローバル人材の育成

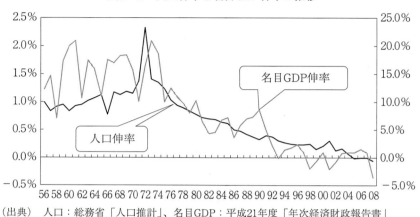

図5-2　人口伸率と名目GDP伸率の推移

（出典）　人口：総務省「人口推計」、名目GDP：平成21年度「年次経済財政報告書」

での業務などに従事する外国人労働者を研修や技能実習という形でしか受け入れていません。今後もこのような取り扱いを継続するとすれば、高齢者や女性がこれまで以上に生産活動に従事したとしても、中期的には生産に従事する人数は減っていきます。その場合、既に生産性が十分高い製造部門を別にして、販売、企画、管理、事務処理などの業務において業務従事者一人ひとりの職能向上やICTや人工知能、ロボットの活用などによって生産性を飛躍的に向上する、あるいは技術革新や独創的なアイデアなどによって取り扱い品目を高付加価値の商品やサービスにシフトする、など状況を転換する要因がなければ、国内生産規模が縮小して経済成長が停滞することに、さらには経済規模が縮小することになるかもしれません。

　経済成長が停滞するとどうなるでしょうか。今後、高齢者人口の増加に伴い社会保障給付費に係る財政支出の拡大が必要となります。財政支出の拡大は一定の経済成長とそれに伴う税収の伸びがあって初めて可能になります。

　表5-3に示すように、年金、医療、介護など社会保障給付費は、過去15年間で約40兆円増え、今後10年間でさらに約30兆円増えると予想されています。社会保障給付費は、国と地方公共団体の財政支出と国民の社会保険料を

第5章　グローバル化と日本

図5−3　国の予算における主な歳出項目と社会保障給付費の推移

（単位　兆円）

	平成11	平成16	平成21	平成26	平成27	平成37（推計）
一般会計総額　A	81.9	82.1	88.6	95.9	96.3	
国債償還費	19.8	17.6	20.2	23.3	23.5	
地方交付税交付金	13.5	16.5	16.6	16.1	15.5	
一般歳出総額　B	46.9	47.6	51.7	56.12	57.4	
社会保障関係費　C	16.1	19.8	24.8	30.5	31.5	42.8
C/B	34.31%	41.57%	48.00%	54.37%	55.00%	
文教費	5.5	4.9	3.9	4.1	4.1	
社会保障給付費	75.0	86.0	99.9	115.2	119.8	148.9
医療	26.4	27.2	30.8			
年金	39.9	45.5	51.7			
福祉	8.7	13.3	17.3			

（出典）　政府予算案は各年度政府予算書、社会保障給付費は国立社会保障・人口問題研究
　　　　所「社会保障費用統計」からただし、平成 26 及び 27 年度社会保障給付費は予算ベ
　　　　ースのもの
　　　　平成 37 年度の推計値については厚生労働省「社会保障に係る費用の将来推計の改
　　　　定について（平成 24 年 3 月）厚生労働省「社会保障制度改革の全体像」（平成 26
　　　　年 3 月）から

　財源としていて、国の財政支出額を示す社会保障関係費は過去15年間で14兆
円増え、今後10年間でさらに11兆円増えると見込まれています。

　経済成長が停滞すると、法人税など国の税収も伸びませんし、法人住民
税、事業所税など地方公共団体の税収も伸びなくなります。すると、社会保
障の給付に必要な財源を確保できなくなり、医療、介護等を適切に提供でき
なくなります。

　経済規模が縮小するともっと大変です。現在の規模の雇用が維持できなく
なり、国全体として所得水準が低下します。また、税収の落ち込みが財政支
出全体を縮小させ、国民生活の質が低下します。すると個人消費が落ち込む
ので、さらに経済規模が縮小してしまいます。

　何もしなければ、人口の減少がそのまま国内消費規模の縮小、生産規模の
停滞に結びつき、そのまま経済の停滞、縮小に結び付いてしまうのではない

45

第1部　グローバル人材の育成

かと懸念されます。

３．人口減少の下での経済成長には海外事業の拡大と国際的中枢拠点機能の集積が不可欠

　ではどうすればよいのでしょう。地域的な方策は様々に考えられますが、国全体に関わる方策としては、前節で述べたように生産性を上げる、付加価値の高い商品・サービスの取り扱いにシフトする、高齢者・女性の生産活動（商品とサービスを生み出す幅広い活動のこと）への参加を促進することなども考えられますが、それら以上にグローバル化に積極的に立ち向かい、グローバル化がもたらした状況を利用していくことが重要です（図5-4参照）。

　一つは、企業が積極的に海外に進出し、海外事業をより大きく展開することです。

　中国、東南アジア諸国連合 ASEAN 加盟国、インドなどの国々は近年めざましい経済成長を遂げ、所得水準も大きく向上しました。その結果、日本企業が生産、提供するような、比較的に高価ですが高品質の商品とサービスを、一定規模で購入してもらえる魅力的な市場となりました。今後、人口減少によって日本国内の消費規模が縮小しても、中国、ASEAN、インドなどに進出して事業展開すれば、企業は現在の事業規模を維持し、さらに拡大できるかもしれません。そして国外で得た利益を日本の本社に還流することで企業は存続、発展できますし、また国内に本社機能や研究開発機能などを残せば国内の雇用も確保できることになります。また、海外での生産活動を拡大すれば生産年齢人口の減少を補うこともできます。

図5-4　人口減少とグローバル化が進む時代に経済成長を実現するには

○　日本企業による積極的な海外への進出と海外事業の拡大
○　日本への国際的中枢拠点機能の集積
○　販売、企画、管理、事務処理などの業務における生産性の飛躍的な向上
○　取り扱い品目の高付加価値商品・サービスへのシフト
○　高齢者と女性の生産活動への参加促進

第5章　グローバル化と日本

　もう一つは、世界全体や東アジア地域等をカバーする様々な国際的中枢拠点機能を日本に集積することです（図5−5）。

　例えば、①欧米企業などのアジア、東アジア地域での事業展開を統括する支社、研究開発部門、従業員向け教育訓練施設などが数多く日本の都市に立地する、②法務や会計、金融、保険、情報システム、輸送などの専門サービスを各国の企業に提供する世界レベルの企業・事務所が日本に集まる、③日本の港湾や空港が国際的な交通拠点、物流拠点としての機能を持ち、各国の海運会社や航空会社が当該港湾・空港に向けた旅客と貨物の定期航路を開設する、ことなどが考えられます。そのようになれば、たとえ日本国内の消費規模が縮小しても、ある程度の経済規模を維持できます。

　また、④国際的にも優れた高度先進医療、技術開発、専門教育などを提供する病院や大学、研究機関が数多く立地すれば、それらのサービスを求める国内外の顧客から多額の報酬が得られます。

　同様に、⑤収容力が大きく、世界水準の良質のサービスを提供する国際会議場、ホテル、⑥世界的なレベルで魅力を持つ芸能、芸術、収集品、アトラ

図5−5　国際的中枢拠点機能

（国際的中枢拠点機能）
　①欧米企業等の東アジア地域の統括支社や外国企業の研究開発部門、教育
　　訓練施設
　②法務、会計、金融、保険、情報システム、輸送など企業向け専門サービ
　　スを提供する世界レベルの企業、事務所
　③国際的な交通拠点、物流拠点としての機能を持つ港湾、空港
　④国際的に卓越した高度先進医療、技術開発、専門教育を提供する病院、
　　研究機関、大学
（類似する機能）
　⑤収容力が大きく良質なサービスを提供する国際会議場、ホテル
　⑥世界的に魅力ある芸能、芸術、収集品、アトラクション等を楽しめる文
　　化施設、テーマパーク

第 1 部　グローバル人材の育成

クションなどを楽しめる劇場や美術館、動植物園、テーマパークなどが集積すれば、一定の経済効果が期待できます。

そして、①〜⑥のいずれの場合にも、比較的に収入が高い専門的業務従事者の雇用規模が拡大しますし、管理的業務や事務業務の雇用創出も期待できます。これらの専門的業務従事者や管理的業務従事者は外国人にとっても魅力的な就職機会と感じられ、生産人口の減少を補ってくれるかもしれません。

さらに、①〜④の場合には、非常に多くの人々が、中枢拠点機能が集積する都市を用務で訪れることになります。多数のビジネス客の宿泊や飲食による消費も相当な経済効果を生むはずです。用務による宿泊需要は想像以上に多く、例えば、都道府県別の延べ宿泊者数を見ると、日本人宿泊者で東京都が５千万人泊と観光地の北海道（３千万人泊）、沖縄（２千万人泊）を上回り、外国人宿泊者で東京都（１千万人泊）、大阪府（４百万人泊）が観光地の北海道（３百万人泊）、京都府（同）を上回っています。

４．海外事業拡大と国際的中枢拠点機能集積を進めても進めなくても競争に巻き込まれる

企業の海外進出と海外事業の拡大には競争が伴います。例えば、ASEAN加盟国で事業を行うとすれば、現地の企業、他の ASEAN 加盟国の企業、中国や韓国、インドの企業、欧米の企業、そして日本のライバル企業との熾烈な競争を戦っていかなければなりません。

「熾烈な競争を戦う」と聞くと、読者の中には「それなら海外に進出せずに今までどおり国内だけで事業を続ければいい」「人口が減少して消費規模が減るのは数十年単位の変化で、すぐに会社が倒産することはないのだから、厳しい競争にならないようにゆっくりと海外に進出していけばいい」と考える人もいると思います。

しかし、グローバル化が進んで国内外の市場が一体化した状況では、たとえ企業が国内にとどまっていても激しい競争に巻き込まれます。それは外国の企業が国内市場に進出してくるからです。

第5章　グローバル化と日本

　日本は既に人口減少期に入っていて今後の成長が見込める市場でないかもしれませんが、東アジア地域ではシンガポールに次ぐ高い所得水準を背景に大きな購買力を持っています。たとえ短期間でも利益をあげられるならば、外国の企業は事業規模と利益を拡大しようと日本に進出してきます。例えば、日本企業がAEANに進出しなければ、日本企業がいない分だけASEANで有利に事業を展開して利益をあげた企業がより強力になり、日本を含めた他の地域にさらに事業を拡大していく余力を増すだけになるでしょう。

　日本企業は力を増した外国企業を国内市場に迎えて会社の存続をかけて競争をしなければなりません。そのような後がない切羽詰まった競争をするくらいなら、始めから国外に進出して競争をした方が賢明です。そう考えて日本企業は海外進出を進めてきました。

　また、国際的中枢拠点機能の集積にも都市間の競争を伴います。

　例えば、欧米企業の東アジア地域統括拠点の集積をめざして東京、シンガポール、香港、上海等が環境整備を競っています。また、シンガポール、上海、香港、釜山と高雄（台湾）が東アジア地域の国際中枢港湾・物流拠点の地位を争っています。

　こう記すと読者の中には「日本の神戸港や横浜港は国際中枢港湾ではないの？」と疑問を持つ人もいると思います。港湾別の貨物取扱量とコンテナ取扱個数の世界ランキングを見ると、1980年のコンテナ取扱個数で神戸港4位、横浜港13位、東京港18位、1998年の貨物取扱量で千葉港6位、名古屋港9位、横浜港12位、神戸港14位、東京港19位、北九州港20位と多数の港が20位内に入っています。ところが、2013年になるとコンテナ取扱個数ではシンガポールと上海など中国9港、釜山港、高雄港などアジアの港が20位内を占め、日本の港はなく、貨物取扱量でようやく名古屋港が15位に入っています。筆者は1996～1997年に北九州市企画局長として響灘大水深港湾の開発に関わっていたのでとても残念なのですが、日本の港湾は東アジア地域の国際中枢港湾・物流拠点を巡る競争で遅れをとってしまいました。

　日本のある都市が国際的中枢拠点機能の集積競争を戦うのが大変だからと

49

第1部　グローバル人材の育成

競争に参加しないと方針を定めても、国際的中枢拠点機能の集積をめざす他国の都市が現に日本の都市が持っている中枢拠点機能を脅かすような機能強化を図れば、当該拠点機能を基盤とする都市経済や市民生活、税収を維持するため、対抗上、日本の都市も機能強化しなければならないので、結局は競争になります。

５．日本企業の海外進出と海外事業の拡大

　1980年代、自動車等の対米輸出拡大に関連して製品・部品の現地生産が求められたことやプラザ合意 Plaza Accord による急激な円高に対応するため、海外に工場を移転／新設する企業が続出しました。プラザ合意は1985年に交わされた為替レートに関する先進国間の合意で、それまで１ドル235円であったのが合意の翌年には１ドル150円になりました。

　その後、人件費が安いことなどに着目して、東アジア地域に工場を設ける企業が年々増加しました。次いで、海外に進出した日本企業に部品を供給する企業、原材料や製品の輸送を担う企業、金融、保険、情報システムなどのサービスを提供する企業が日本から進出しました。また、別々の国で製造した電子部品をさらに別の国に集めて組み立て、テレビなどの家電製品を製造するという国際分業も発展しました。

　こうして日本企業が東アジア地域に進出したことが関係国の工業化を促し、各国の経済成長につながりました。東アジア地域では、経済成長により国民の所得水準が向上した結果、それまでの人件費が安いことを背景にした単なる工業製品や食料品の生産地という性格を脱して、商品やサービスの消費地としての性格も帯びることにもなりました。

　東アジア地域が経済成長を遂げてその商品購買力が拡大すると、食品や飲料のメーカーからコンビニエンス・ストア、外食チェーンまで幅広い業種の日本企業が、人口減少による国内市場の縮小を補うための商品やサービスの新たな市場を求めて、東アジア地域へ進出しました。例えば、アサヒビールは、平成21年に発表した「長期ビジョン2015」で、海外事業の売上構成比を20〜30％程度とする目標を示し、その後、オセアニアや東南アジアでの現

第5章　グローバル化と日本

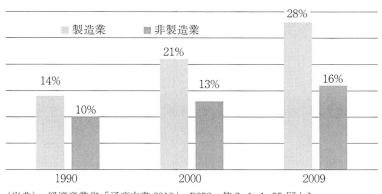

図5-6　日本の製造業・非製造業の海外売上高比率

（出典）　経済産業省「通商白書2010」 P252　第3-1-1-55図から

地企業の買収も含めて積極的に海外事業展開を進めています。また、コンビニエンス・ストアのファミリーマートは海外8カ国で店舗を展開していて、その店舗数（約1万3千店）は国内の店舗数を上回っています。

　このような企業の海外事業展開は大企業だけのことでなく、多くの中小企業も積極的に海外に進出し、海外事業を拡大しています。既に2006年の時点ですべての法人企業－その大半は中小企業－のうちの1％が海外に工場や事務所を持っていました。中小企業基盤整備機構のアンケートに回答した6割の企業が、外国企業との技術提携や直接取引を含め、海外事業あるいは海外と関わりを持った事業を行っています。また、独立行政法人日本貿易振興機構JETROが平成26年に実施したアンケート調査によれば、回答した中小企業2,334社のうち45％が海外に事業拠点を持っていて、売上高5千万円／1千万円以下、従業員が20人／5人以下という小規模企業に限っても35％が海外に事業拠点を持っています（図5-6、図5-8参照）。

　その結果、日本の製造業と非製造業それぞれの売上合計額に占める海外売上額の割合は、2009年の時点で製造業28％、非製造業16％に達しています（図5-6）。特に、積極的に海外に事業を展開している製造企業を対象とした調査では、2012年の海外生産比率は33％、海外売上高比率は35％に達してい

ます。

　東アジア地域の豊かになった国々では医療、旅行、情報通信、教育などのサービス支出が2000年から2008年の8年間で2倍から4倍に増えています。これに衛生、環境、省エネなどが加わり、今後さらにサービス支出が拡大すると予想されています（図5-7）。この状況を踏まえ、国内の児童生徒の減少で市場規模が縮小している学習塾やピアノ教室などが、既に中国、インドネシア、ベトナムなどに進出しています。このほか、クリーニングや介護サービスなど今後はより多様なサービス分野の企業が東アジア地域に進出し、事業を拡大していくための準備を進めています。

　さらに、東アジア地域において、情報通信環境や学校など居住環境が整備され、高度の教育訓練を受けた人材が集積していることなどに着目して、増加する研究開発経費負担を軽減する観点から、欧米の企業と連携して、東ア

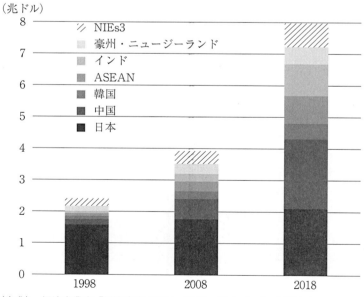

図5-7　アジア各国・地域のサービス支出の実績・予測

（出典）　経済産業省「通商白書2010」P192　第2-3-2-8図から

ジア地域や欧米に研究開発拠点を設ける企業も多数あります（図5-8参照）。日本を含めて分散していた研究開発拠点を海外４カ国に集約した大手電子機器メーカーや日本にあった研究開発拠点を東アジア地域に移した外資系の製薬系企業の例もあり、今後、研究開発拠点を海外に新設することや日本にある研究開発拠点を海外に移すことなどが増えるのではないかと予想、また懸念されます。

　一方、東アジア地域の豊かになった国の人々は、自国でサービス支出を拡大するだけでなく、外国で先進医療や大学院教育を受ける、あるいは海外旅行や高級リゾートホテルでの宿泊やレジャーを楽しむなど、より高度な、より豊かなサービスを求めるようになります。

　これに対応して日本に国際的中枢拠点機能の整備、集積を図るという観点から、平成20年に観光庁が設立され、観光客の受入体制の整備が進められています。また、外国人に高度の医療を提供する国際医療拠点や外国人学生を受け入れるスーパー・グローバル大学の整備などが進められています。

図5-8　海外拠点を持つ企業における機能別の拠点開設率

凡例: 販売拠点　生産拠点　研究開発拠点　地域統括拠点　その他

機能	全体	大企業	中堅企業	中小企業	小規模企業
販売拠点	65.6%	78.4%	73.7%	64.7%	56.3%
生産拠点	52.4%	63.5%	59.3%	52.5%	43.5%
研究開発拠点	11.9%	33.5%	16.0%	7.5%	6.4%
地域統括拠点	14.7%	50.9%	18.0%	8.2%	7.2%
その他	20.7%	43.1%	27.1%	13.8%	15.7%

海外拠点を持つと回答した企業数

1,605	167	388	535	515

（出典）　独立行政法人日本貿易振興機構「2014年度日本企業の海外展開に関するアンケート調査」　P10

第1部　グローバル人材の育成

図5−9　JETROのアンケート調査における企業の規模別分類

	製造業など	卸売業	小売業	サービス業
大企業	10億円超	3億円超	3億円超	3億円超
	又は3000人超	又は1000人超	又は1000人超	又は1000人超
中堅企業	3億円〜10億円	1億円〜3億円	5千万円〜3億円	5千万円〜3億円
	又は300人〜3000人	又は100人〜1000人	又は50人〜1000人	又は100人〜1000人
中小企業	5千万円〜3億円	1千万円〜1億円	1千万円〜5千万円	1千万円〜5千万円
	又は20人〜300人	又は5人〜100人	又は5人〜50人	又は5人〜100人
小規模企業	5千万円以下	1千万円以下	1千万円以下	1千万円以下
	又は20人以下	又は5人以下	又は5人以下	又は5人以下

（出典）　独立行政法人日本貿易振興機構「2014年度日本企業の海外展開に関するアンケート調査」P3

第6章　なぜグローバル人材育成なのか

第6章
なぜグローバル人材育成なのか
－社会からの強い要請－

1．海外事業拡大と国際的中枢拠点機能集積の決め手は人材

　人口減少の下で日本が経済成長を続け、国民生活の安定向上を実現するには、グローバル化に積極的に立ち向かい、グローバル化がもたらした状況を利用することが不可欠です

　広範な分野、規模の企業が積極的に海外事業を展開、拡大していくこと、また国際的な中枢拠点機能－企業の地域統括拠点や研究開発拠点、専門的サービスを国内外の企業に提供する事業拠点、交通・物流拠点、外国人に高度先進医療等を提供する病院など－が日本の都市に集積されていくことが必要です。これらの実現のためには、それぞれの企業で海外事業に携わる人材、国際的中枢拠点機能集積のための環境整備や企業拠点等の誘致を担う人材、そして国際的中枢拠点の機能を担う専門的人材が不可欠です。

　グローバル人材の育成が強く求められ、国の方針として学校でのグローバル人材育成が推進されているのはこのような事情、目的によるものです。

　それではこれまでの教育はそのような要請に応えられているのでしょうか。これを探るために、外国企業が、必要な人材を確保できるかどうかという観点から、日本をどのように評価しているのか見てみましょう。

2．外国企業による企業立地拠点としての日本の評価

　表6－1は、経済産業省が実施している対日関心度調査の過去4回分の結果

図6-1　欧米アジアの企業の企業立地拠点としての日本に対する関心度

①ビジネス拠点タイプ毎に、アジアの21カ国・地域から投資先として最も魅力的な国・地域を１つ選択
②数字は21カ国・地域における順位で、（　）内は選択した企業の割合（アジア企業による自国・自地域の選択回答を除いて集計）

	日本				中国				シンガポール				香港			
	19'	21'	23'	25'	19'	21'	23'	25'	19'	21'	23'	25'	19'	21'	23'	25'
R＆D拠点	1	2	2	1(20%)	2	1	1	1(20%)	4	4	3	3(17%)	5	8	(0%)	5(11%)
地域統括拠点	1	4	4	3(19%)	4	1	1	4(15%)	3	2	2	1(27%)	2	2	3	2(25%)
販売拠点		4	2	1(26%)	1	1	1	2(19%)			3	4(12%)		2	3	3(13%)
金融拠点		4	3	3(12%)	1	1	1	4(11%)			3	2(25%)		2	3	1(35%)
バックオフィス	2	4	4	5(11%)	1	1	1	4(13%)	3	3	3	2(17%)	4	4	2	1(22%)
物流拠点	2	5	3	4(9%)	1	1	1	2(22%)	4	2	2	1(24%)	2	4	6	3(21%)
製造拠点	3	11	3	6(5%)	1	1	1	1(41%)	7	7	5	8(3%)	3	7	(0%)	11(1%)

	インド				タイ				韓国			
	19'	21'	23'	25'	19'	21'	23'	25'	19'	21'	23'	25'
R＆D拠点	3	3	4	4(12%)	(0%)	(0%)	(0%)	(0%)	7	5	(0%)	8(1%)
地域統括拠点	5	5	5	6(2%)	9	(0%)	8	10(1%)	6	7	(0%)	(0%)
販売拠点		5	5	(6%)			7	8(3%)		6	(0%)	12(2%)
金融拠点				(5%)				(0%)		6	10	(0%)
バックオフィス	4	2	5	3(16%)	9	8	8	9(1%)	7	(0%)	(0%)	(0%)
物流拠点	5	3		7(4%)	7	7		8(2%)	6	7	(0%)	(0%)
製造拠点	2	2	6	2(12%)	7	7	2	6(6%)	6	7	(0%)	9(2%)

調査対象企業：本社所在地が日本ではない企業で、アジア地域への投資関心を有している、医薬品・医療機器、エネルギー・環境技術、サービス・小売などの業種の企業
回答企業数：約2400社に回答協力を依頼し、平成19年度209社、平成21年度180社、平成23年度207社、平成25年度214社から有効回答
（出典）　アクセンチュア株式会社「欧米アジアの外国企業の対日関心度調査報告書（平成26年３月）」経済産業省委託調査

をまとめたものです。表中の数字は、研究開発、統括、販売、生産等の機能ごとに、事業拠点を立地する場所としてアジアのどの国が最も魅力的か、を欧米及びアジアの外国企業にアンケートした結果の順位です。

　25年度調査で日本はR&D（研究開発）拠点及び販売拠点として１位ですが、地域統括拠点、金融拠点としてはシンガポール、香港より下位です。製

造拠点、バックオフィス（経理や会計、人事や総務その他の事務処理）拠点等の順位が低いのは賃金水準の高低によるもので仕方ありませんが、地域統括拠点としての評価が過去３回を通じて低いことは深刻です。

　また、企業の技術水準や製品の性能・品質、大学の自然科学分野での研究実績を考慮すれば、R&D拠点としては断然トップに評価されていいのに、４回の調査を通じて中国とほぼ同等の評価となっていることも残念です。

　欧米アジアの外国企業から見て日本の何が評価され何が問題とされているのでしょうか。図6-2は平成25年度の対日関心度調査において外国企業が日本の強み、弱みと考える項目を示したものです。

　「整備されたインフラ」「市場の大きさ」等に次いで「高度人材（専門職）の獲得」が日本の強みとして挙げられています。一方、回答企業の半数近くが「事業活動コスト」と「英語での円滑なコミュニケーション」を日本の弱みと認識しています。

　東京のオフィスの家賃や労働者の給与水準は高く、他のアジア諸国より事

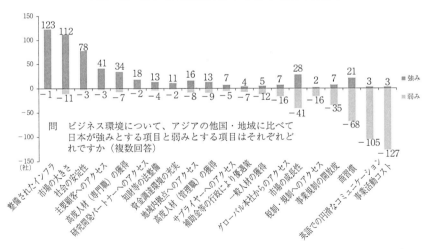

図6-2　ビジネス環境に関する日本の強みと弱み

(出典)　アクセンチュア株式会社「欧米アジアの外国企業の対日関心度調査報告書（平成26年３月）」経済産業省委託調査

第1部　グローバル人材の育成

業活動コストが高くなることは仕方ありません。しかし、英語で円滑にコミュニケーションできないことが原因で欧米アジア企業等が日本ではなく他のアジア諸国に地域統括拠点を立地してしまうような状況は問題です。

３．人材を確保しやすいという魅力が低下した日本

　ビジネス環境に関する日本の強みと弱みについてのアンケート調査で、「高度人材（専門職）の獲得」を評価する回答が多いのに対して「一般人材の獲得」、「高度人材（管理職）の獲得」を評価する回答が少ないのも気になります。なお、高度人材（専門職）とは主に理工・生命系分野の技術者、開発研究者などのことをいうものと推測されますし、「一般人材」とは事務・営業等の業務に携わる一般の会社員などのことと考えられます。

　人材に関する評価事項について平成19～25年の調査結果の推移を見てみましょう。平成19年と平成21年の調査は各評価項目について日本と中国、インド、シンガポール、韓国、香港を比較する形式で行われ、平成19年の評価事項「人材・労働者の能力」で１位とされていたのが、平成21年の評価事項「優秀な人材の獲得」で３位とダウンしています。平成23年と平成25年は同じ形で調査が行われ、評価事項「高度人材（専門職）の獲得」についての肯定的評価が46→34、否定的評価が5→7と変化しています。また、「高度人材（管理職）の獲得」については肯定的評価が4→13、否定的評価が5→5、「一般人材の獲得」については肯定的評価が3→5、否定的評価が14→12とそれぞれ変化しています。調査結果の推移から必要な人材を獲得しやすいという面で日本の魅力が薄れていること、特に事務系従業員の新規／中途採用や管理職員の中途採用の面で日本が他のアジア諸国に比べて特に有利な状況にはないと外国企業が認識していることがわかります。

　天然資源に恵まれていない日本が持つ資源は、国民と国民が生み出す知恵や技術だけです。人口減少に伴い「市場の大きさ」などの強みも薄れていく中で、外国企業の地域統括拠点や研究開発拠点などを誘致していくためには、日本では外国企業が求める有能で勤勉な人材を十分に確保できると再認識させ、日本に立地する魅力を高めていくほかありません。

第6章　なぜグローバル人材育成なのか

「高度人材（専門職）の獲得」が日本の強みと認識されているのは日本の小学校等の理科・数学教育や大学・大学院の理工・生命系の専門教育の成果と考えられます。そうであれば、学校教育を通じて「英語による円滑なコミュニケーション」能力を高め、「一般人材の獲得」が容易と認識されるほどに大学、高校卒業者全般の就業力、社会人力を高め、米国の大学院に倣って管理職の養成プログラムを導入、整備していくことはそれほど難しいことではないと考えられます。

４．日本企業による外国人／外国大学卒業者の採用

日本企業が外国人を採用することが増えています。

国立教育政策研究所は、平成22～23年にプロジェクト研究として、「グローバル人材育成に関する調査研究」を実施しました。その一環として、グローバルに事業を展開する大手企業等を対象に新規大学卒業者の採用方針等に関する調査を実施しました。

調査では、書面による予備調査の上で、対象企業の本社に採用担当の役員・執行役員等を訪れ、２～３時間のインタビュー（企業からの説明と質疑応答）を行いました。訪問調査を通じて調査対象企業のすべてが本社採用従業員の採用選考において日本人と外国人を区別せず、優秀な外国人留学生を積極的に採用する方針を持ち、むしろ日本人学生に外国人学生と同等の能力・積極性を期待していることが判明しました。なお、訪問調査の詳しい結果は「グローバル人材育成のための大学評価指標」（徳永保・籾井圭子共著、協同出版）に記載されていますので、興味のある方はご覧ください。

最近では、企業のウェブサイトで積極的に外国人留学生や外国の大学を卒業した日本人、外国人を採用する方針を示す企業も増えています。筆者が平成26年末に閲覧した限りでも、NTTコミュニケーションズ、ソフトバンク、日本電気、日立製作所、三菱化学、楽天のウェブサイトにそのような方針が示されていました。

実際の採用者数も大きく増加しています。日本経済新聞の平成25年７月21日付朝刊には、同年春の新規採用で、東芝やローソンなどが前年を大きく上

59

第1部　グローバル人材の育成

回って外国人を採用したことが報道されています。また、同年11月18日付朝刊には、同年秋と翌年春の新規採用でNTTドコモ、日産自動車、ニトリホールディングズ、ファミリーマート、サントリーホールディングズが外国人採用者数を増加させたことが伝えられています。

　これまでの日本企業による外国人採用では、本社が日本の大学に留学する外国人留学生を採用し、外国に設立した子会社が現地の大学卒業者を採用するという形態が多かったのですが、最近は本社が外国の大学を卒業した外国人を直接採用することが増えているようです。前記の日本経済新聞の記事は、ある人材仲介業者からの情報として、平成26年春の採用で外国大学卒業者を採用した企業が200社に、採用人数が約1,000人に達したと報じています。

5．中小企業も外国人採用に意欲

　外国人の採用は大企業に限ったことではありません。中小企業も外国人を採用したいと考えています。厚生労働省が、平成25年9〜10月に、中小企業1,755社を対象に行った「外国人留学生の採用意欲調査」によれば、「採用意欲が高い」（外国人留学生を積極的に採用したいと考える）企業が13％、「日本人学生並み」（日本人学生と外国人留学生を区別せずに能力、適性を踏まえて採用したいと考える）企業が39％、「採用意欲が低い」企業が48％で、半数以上の企業が外国人留学生の採用に前向きでした。なお、括弧内は厚生労働省の発表資料内容を踏まえて筆者が付した説明です。

　外国人留学生の採用に意欲的な企業の中には、「人手不足解消」－日本人学生が企業の規模、処遇や業務内容等を嫌って応募しないので日本人でなく外国人を採用する－という消極的な動機に基づくものも15％ありますが、それ以外は「グローバル展開の中心的役割」（36％）、「海外拠点の中心的役割」（33％）、「専門知識、日本人と異なる視点」（30％）という積極的動機に基づくものでした。

6．日本企業が外国人を採用する理由

　さて、実際に外国人を採用している企業はどのような理由で採用している

第6章　なぜグローバル人材育成なのか

のでしょうか。先に紹介した国立教育政策研究所の訪問調査では、次の３点
が挙げられました。

---

① 　外国に設ける事業拠点の現地幹部要員を確保するため
② 　採用方針、採用基準に適合する本社要員を採用計画に基づいて一定数採
　　用するため
③ 　グローバル展開企業として本社の従業員構成における多様性を確保する
　　ため

---

　①について説明を加えると、企業が外国に新たに事業拠点を設け、事業を
展開する場合、当初は本社から派遣された日本人従業員が事業拠点を立ち上
げ、新規事業を起こします。しかし、それらが軌道に乗ってくると運営の多
くを現地従業員に委ね、本社との連絡や業務の監督等を行う少数の要員を除
いて日本人従業員を本社に引き揚げることが一般的です。このため、本社の
方針や業務内容・方法等にも、現地の事情にも、ともに精通した外国人従業
員が必要です。
　また、③について補足すると、国際社会においては構成員や所属メンバー
が多い組織－大企業や公的組織など－は、構成員や所属メンバーの構成にお
いて人種・性別や文化的な多様性を確保することが求められています。この
ため、日本企業は、女性、外国人を含めて、役員・従業員構成における多様
性を高めようとしています。外国人の採用は、そのような多様性を確保する
努力の一環として進められている面もあります。
　①と③は当然のことと考えられます。これに対して②は事情が異なりま
す。訪問した企業の担当役員・執行役員等からは、当該企業に就職を希望す
る日本人学生のうち採用方針、採用基準に適合するものがそれほど多くな
く、採用計画に基づく採用者数を確保するためには外国人学生・留学生等を
採用するほかない、あるいは当該企業に就職を希望する外国人留学生等に日
本人学生以上に優秀なものが多く、能力や適性等で採用者を選ぶと自ら多数
の外国人が採用される、などの事情を聞くことができました。新規大学卒業

61

第1部　グローバル人材の育成

者の採用選考に際して、日本企業が国籍、文化的背景等に関して公平であることを国際社会に明らかにする、という観点からは喜ばしい状況かもしれません。しかし、学校教育を通じて「社会の形成者として必要な資質を備えた」人材を育成する、という立場からはいささか残念な状況と思われます。

このことについては別の調査も同様の状況を示しています。

図6-3は、経済産業省の平成26年度産業経済研究委託事業により、新日本有限責任監査法人が実施した「外国人留学生の就職及び定着状況に関する調査」の結果です。調査は平成24年2月に行われ、535社が調査に応じて回答しています。

回答選択肢Aが前記①に、回答選択肢Dが前記③に、回答選択肢EとFが前記②に相当すると考えられます。回答選択肢BとCは不明ですが、敢えて振り分ければBは①に、Cは②に相当すると考えられます。

図6-3　外国人留学生の採用理由（従業員規模別、複数回答）

■ 全体（n＝199）　　　　　　　　■ 1000人未満（n＝45）
■ 1000人以上〜5000人未満（n＝97）　■ 5000人以上（n＝52）

A留学生の母国への海外事業を開拓／拡大
- 23.1
- 42.2
- 18.6
- 17.3

B留学生母国に限らず海外事業を開拓／拡大
- 44.7
- 48.9
- 44.3
- 46.2

C専門能力を持つ人材獲得による事業高度化
- 28.1
- 20
- 33
- 28.8

D社内の多様性を高め、職場を活性化
- 55.8
- 48.9
- 57.7
- 63.5

E国籍に関わらず選考を行った結果として
- 55.8
- 48.9
- 56.7
- 65.4

F日本人だけでは十分な人員を確保できない
- 4
- 2.2
- 3.1
- 7.7

その他
- 1
- 0
- 1
- 1.9

（出典）経済産業省「通商白書2015」
（資料）経済産業省「外国人留学生の就職及び定着状況に関するアンケート調査」から作成

62

第6章 なぜグローバル人材育成なのか

図6-4 平成25年度の新規大学卒業者総合職の国内採用における
外国人学生・留学生採用状況 （経済同友会調査）

（出典） 経済同友会「ダイバーシティと働き方に関するアンケート調査結果」（2014年）から作成
（備考） 1）外国籍留学生とは「日本の大学・大学院を卒業・修了した者」、外国籍学生とは「外国の大学・大学院を卒業・修了した者」を指す。
2）平均人数は、「当該役職に就く外国籍人財がいる」と答えた企業における平均人数を指す。

図6-5 日本企業（本社・親会社）の管理職への外国人就任状況

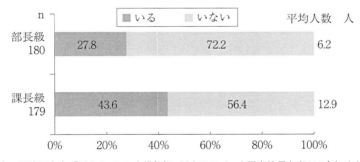

（出典） 経済同友会「ダイバーシティと働き方に関するアンケート調査結果」（2014年）から作成
（備考） 平均人数は、「当該役職に就く外国籍人財がいる」と答えた企業における平均人数を指す。

　調査結果は、規模が小さい企業の場合は海外事業展開の要員として採用することも依然として多いが、大規模企業の場合はむしろ、能力や適性で採用者を選ぶと自ら多数の外国人が採用される、あるいは多様性確保の観点から外国人を採用することを示しています。
　これに関連して、経済同友会が平成26年に会員企業を対象に実施した「ダ

イバーシティと働き方に関するアンケート調査」（有効回答数235）の結果を示します（図6-4、6-5参照）。回答企業の30%は従業員１万人を超える大規模企業で、一方31%は従業員300人以下の中小企業又は中堅企業です。

平成25年度の新規大学卒業者総合職の国内採用において、半数以上の企業が外国人留学生を採用し、１／４の企業が外国の大学を卒業した外国人学生を採用しました。

また、本社の部長級従業員に外国人を登用している企業が１／４を超え、課長級従業員に外国人を登用している企業が半数近くになっています。

これをみても、日本企業による本社要員としての外国人採用が進んでいることがわかります。

7．組織の活動、業績と個人の資質能力

読者の中には、組織と組織を構成する個人の資質能力について、誤解をしている人がいるかもしれません。企業や役所のような組織の活動や業績は、組織自体の力とリーダーの資質能力に左右されるけれど、組織の下位にいる人の資質能力には関係ない、あるいは中小企業や学校のように小さい組織であれば組織を構成する社員や教職員一人ひとりの資質能力が組織全体の活動や業績に影響するけれど、大企業や中央省庁のような大きな組織になると組織を構成する従業員や職員一人ひとりの資質能力は組織全体の活動や業績に影響しない、と考えている人がいるかもしれません。

しかし、組織がどれほど大きくても、組織の活動は組織を構成する一人ひとりの構成員によって担われています。大きな組織であれば業務内容ごとに担当部署が分かれ、組織の長、当該事業分野の責任者、当該業務を包括する部署の長、担当部署の長、当該業務のリーダー、担当者数人というような体制で業務が行われています。

しかし、組織の長や包括部署の長は方針を決定しても、具体的な業務遂行については担当部署から報告や相談を受けることが一般的で、業務に日常的に関わっているのは担当部署の長以下の人たち、課長、担当の課長補佐、担当の係長と担当者などです。合わせて数人程のチームで担当業務について判

断し、行動しているのですから、当該業務について目標を達成して成果を挙げられるかどうかは担当チームの構成員一人ひとりの業務遂行上の資質能力に左右されます。

　このようなことから、ある組織が組織全体として十分な業績を挙げられるかどうかは、組織の活動に実際に携わっている一人ひとりが業務遂行に必要な資質能力を備えているかどうかに影響されることになります。

　外国企業の対日関心度調査中の日本の強み、弱みを尋ねるアンケートで、調査20項目のうち４項目は人材獲得や資質能力に関するものでした。企業は多くの時間と手間と人手をかけて新規大学卒業者の採用選考を行っています。

　これらは企業の業績が従業員の資質能力にかかっていることを企業が強く認識しているかを示すものです。また、この章の冒頭で企業の海外事業拡大と国際的中枢拠点機能集積の実現には、企業で海外事業に携わる人材、国際的中枢拠点機能集積のための環境整備や企業拠点等の誘致を担う人材、そして国際的中枢拠点の機能を担う専門的人材が不可欠と述べたのも、このような認識に基づくものです。

８．業務遂行に必要な資質能力の多くは学校教育を通じて形成される

　企業で海外事業関連の業務に携わり、国際的中枢拠点機能で専門的業務に従事することを含めて、組織で業務を遂行するのに必要な資質能力の多くは学校教育とその関連活動を通じて形成されます。

　このことを理解するために、特定の職業－会社員、公務員、自営業、教員、事務所や商店のスタッフなど－に就いてその業務を遂行するために必要な資質能力を図6－6のように図式化して考えます。

　業務遂行に必要な資質能力は、業務遂行に必要な専門的能力と業務遂行の基盤となる資質能力と職業上の適性から構成されると考えられます。

　このうち業務遂行の基盤となる資質能力には、文章の読解や作成、図表の読み取りや計算、論理的な思考や表現、地理等の知識、ICT の利用など知的な能力があります。また、それとともに良好な人間関係を形成する能力、

図6-6 職業に就いて自立するとともに業務を遂行するために必要な資質能力

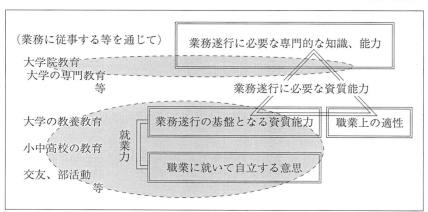

規則的に生活を営む能力、適切な倫理観、社会に関する基本的な理解、各種社会システムの利用能力、自己向上意欲などが含まれます。業務遂行の基盤となる資質能力と職業に就いて社会的に自立する意思を併せたものを就業力 employability といいます。

　就業力は主として学校教育を通じて形成されます。授業だけでなく、学級などの集団生活、同級生等との交友、部活動、毎日通学し授業に出席することなども就業力の形成に寄与しています。

　一方、職務遂行に必要な専門的な知識、能力については、高校や大学の専門教育、大学院教育によって修得、形成される部分もありますが、多くは業務に従事することや業務に関する研修等を通じて修得、形成され、向上していきます。

　なお、就業力という語は辞書に載っていない場合もあり、読者には馴染みがない言葉かもしれません。しかし、平成22年の社会的、職業的自立に必要な能力形成に係る大学設置基準改正のための文部科学大臣から中央教育審議会への諮問文に用いられ、設置基準改正と併せて「大学生の就業力育成支援事業」という補助事業が実施されたことから、教育行政や大学の関係者の間には定着しています。

第6章　なぜグローバル人材育成なのか

9. これまでもあった学校教育を通じた人材育成政策

　就業力は主として学校教育を通じて形成されると聞いて意外に思う人もいると思います。

　しかし、近代学校制度は、元々、国民国家を構成する国民と近代的な産業活動の担い手を育成することを目的として始められたのですから、学校教育が職業生活における業務遂行の基盤となる資質能力の形成に寄与するのは当然のことです。教育基本法第一条も「教育は社会の形成者として必要な資質を備えた・・・国民の育成を期して行われなければならない」と定めています。

　このような学校教育の機能を踏まえ、国はこれまでも国内外の産業経済の変化に応じて必要な教育政策を策定し、実施してきました。例えば、産業技術の高度化に対応して多数の技術者を養成するため、昭和32年（1957）から理工系学生8千人増募計画を実施し、引き続いて昭和36年（1961）から理工系学生増募2万人計画を実施しました。

　また、高度経済成長を達成した後、欧米からの技術移転を脱却して独自技術の開発による経済成長への転換が求められたことに対応して、知識の詰め込みではなく創造力の育成を重視する教育の導入が提唱されました。その結果、昭和58年（1983）の中央教育審議会報告に基づき、自己教育力の修得、問題解決的又は問題探究的な学習方法を重視する学習指導政策への転換が行われ、現在まで至っています。

10. 学校教育を通じたグローバル人材育成政策の導入

　現在、内閣主導で進められているグローバル人材育成政策はこのような人材育成政策の系譜を引き継ぐものです。その導入の経緯をざっとたどってみます。

　1990年代に入るとグローバル化の進展が広く意識されるようになり、2000年頃までには今後の経済の発展と国民生活の安定がグローバル化への対応－企業の海外事業展開と国際的中枢拠点機能の集積など－にかかっているとの

67

第1部　グローバル人材の育成

認識が、有識者、企業関係者や経済政策担当者などの間で、定着していきました。それに関連して、2000年代半ばから各種の調査統計に示された日本人の若者の内向き志向−新入社員の意識調査での海外赴任拒否回答の多さ、米国に留学する日本人学生の減少、中学生及び高校生の意識に関する国際比較調査において日本人生徒だけが留学に否定的など−が社会的な問題としてクローズアップされるようになり、その対策として企業の海外事業展開等を担う人材育成の必要性が提唱されるようになりました。

　まず、経済産業省と文部科学省が経済団体の協力を得て組織した「産学人材育成パートナーシップ」が平成21年11月に「グローバル人材育成委員会」を設け、翌年4月に報告をまとめました。次いで、（一社）日本経済団体連合会が平成23年6月に「グローバル人材育成に関する提言」を、関係大臣で構成する政府の「グローバル人材育成推進会議」が平成24年6月に「審議まとめ」を、それぞれ、公表しました。さらに（一社）日本プロジェクト産業協議会による日本創生委員会が平成23年12月に「世界に飛躍する人材育成の実践」と題する提言を公表しました。

　第二次安倍内閣は平成25年6月に「日本再興戦略」を閣議決定し、主要施策例の一つとして「世界と戦える人材を育てる」が示され、アクションプランの一つとして「グローバル化等に対応する人材力の強化」が挙げられました（図1−1参照）。文部科学省は先行して、同年5月の経済財政諮問会議に「日本再生に資する教育再生の三つの戦略」を提出し、その一つに「グローバル人材の育成」を中核とする「未来への飛躍を実現する人材の養成」を位置付けました。これらの閣議決定などによりグローバル人材育成が教育政策の中心的な課題と位置付けられ、英語教育の強化やスーパー・グローバル・ハイスクールなどの施策が総合的、一体的に進められています。

　その間、国立教育政策研究所では、平成22年11月に筆者が代表となって研究会を立ち上げ、プロジェクト研究「グローバル人材育成に関する調査研究」を実施し、翌年11月に「大学におけるグローバル人材育成に関する調査研究報告書」をまとめています。このことが文部科学省における政策形成に寄与したものと考えています。

第7章
グローバル人材とは
－どのような人材像を描いて教育を行うのか－

1．明確な定義や表現が定まっていないグローバル人材

　社会からの強い要請を受け、政府によってグローバル人材育成が教育政策の中心的な課題と位置付けられ、関連する施策が進められています。では、グローバル人材とは具体的にどのような人をいうのでしょうか。また、グローバル人材にはどのような資質能力が求められるのでしょうか。

　実は、グローバル人材という概念を表すにも様々な表現が用いられ、また「グローバル人材」という表現が用いられていてもその意味する人物像や用いられる文脈は様々です。経済団体の提言や政府の公式文書を見ても提言や文書ごとにニュアンスや表現が異なっています。例えば、「日本再興戦略」（平成25年6月閣議決定）では「世界と戦えるグローバル・リーダー」、「世界に勝てる真のグローバル人材」と表記されています。また、平成26年3月に下村博文文部科学大臣が中央教育審議会に提出した「日本再生のための教育再生戦略」には「海外でチャンスを掴むことができる人材→世界で活躍できるグローバル人材の育成」と記されています。「世界と戦えるグローバル・リーダー」、「海外でチャンスを掴むことができる人材」という表現にしても雰囲気は感じられますが具体的なイメージが浮かびません。

　そこで、グローバル人材という語の意味するところを明確にするため、少しまだるっこいようですが、人材育成上の目標についてどのような具体的なイメージを持ってグローバル人材の必要性が指摘され、政策が形成されてき

第1部　グローバル人材の育成

たのか、順に考えてみましょう。

２．人材育成上の目標−商社マンと外交官と国際航路のスタッフ？

　グローバル人材と聞いてどのようなイメージを思い浮かべますか？

　三菱商事、三井物産、住友商事、伊藤忠、丸紅などの商社マンをイメージする人も多いと思います。日本は天然資源や食料の多くを海外に頼っていて、原材料（鉄、銅など）、燃料（石油、天然ガスなど）、食料（大豆、とうもろこしなど）などの輸入を取り扱う商社は、大手商社だけでなく多数の専門商社、中堅・中小の商社を含めて、世界各地に拠点を持ち、多くの社員を常駐させています。

　また、外交官や国際線や外国航路のスタッフを思い浮かべる人もいると思います。

　しかし、商社マンと外交官と国際線や外国航路のスタッフはグローバル化の進展が社会的に認識される以前から活躍しています。これらの人達を念頭に置いてグローバル人材の育成が提唱されたのでないことは明らかです。

３．人材育成上の目標−エリート社員と国際派？

　1970〜80年代、自動車、電気製品、電子部品等の分野の大手企業は、欧米への輸出拡大のため、現地に販売拠点を開設して社員を常駐させるようになりました。その後、米国や欧州等の国々で日本製品のシェアが拡大すると、それらの国々の政府は、日本の企業に対して、日本から輸出するのでなく現地で製品や部品を生産することを求めました。プラザ合意（1985）により為替レートが急激に円高になったこともあって、これらの企業は相次いで欧米に工場を設けました。工場には日本から多くのスタッフ（生産の管理や従業員の雇用、資金の管理や経理など）が派遣されました。

　また、日本は東南アジア諸国に対して、1960年頃からの太平洋戦争の賠償支払に続いて、1977年に発表された福田ドクトリンに基づき、対等なビジネスパートナーとして ASEAN の産業基盤整備に対する支援と経済開発に対応する投資を始めました。これらの賠償や基盤整備支援に関連して発電所や

70

橋梁等の大手建設会社が、工業団地等の開発に対応して繊維製品や家庭電化製品等の大手企業が、それぞれ東南アジアに進出して、工事拠点や工場などを設け、多くの社員が現地に駐在することになりました。そして進出企業向けのサービスを提供する大手銀行、保険会社等が現地に営業拠点を設け、社員を常駐させるようになりました。

　大手企業の従業員だけでなく中央省庁の職員も欧米や東南アジアに多数派遣されるようになりました。企業の海外進出に関連して経済関係省庁の職員が現地の大使館等に出向し、駐在する社員の子供の教育のために日本人学校の教員と文部省職員も現地大使館に出向しました。

　国外の事業拠点で、日本人社員は管理や企画、対外折衝等を担当する高位のポストに就き、それらの経験を活かして本社に戻って昇進する例も多く見られました。これら「エリート社員」と言われる人たち、あるいは企業や中央省庁で「国際派」と呼ばれる人たちは1980年代にその数を増やしました。これに対応して企業や省庁における育成方策も整備されました。

　これに対して、グローバル人材の育成が提唱されたのは2010年以降です。これまでの経緯を踏まえれば、その育成が提唱され、そのための施策が実施されているグローバル人材が、これらの大手企業の「エリート社員」や中央省庁等の「国際派」職員などを念頭に置いたものでないことは明らかです。

４．人材育成上の目標－海外事業を展開する企業で働く多くの人々

　それでは、現在その育成が急がれているグローバル人材とは、どのような場でどのような活躍が期待されている人材のことを言うのでしょうか。

　現在、幅広い業種にわたって、中小企業から大企業まで多数の企業が海外に進出して事業を行っています。また、その事業の内容も生産、販売に加えて、研究開発、地域統括機能などに拡大しています（図5－8参照）。今後、さらに多くの企業が海外に事業拠点を設け、また事業拠点の機能も物流、研究開発や地域統括などに拡大すると予想されます。すると海外事業の規模や機能の拡大に応じて、企画、広報、経理・会計、総務や人事、事務管理や福利厚生などの業務が必要になります。

第1部　グローバル人材の育成

　一方、国内では、人口が減少していきます。高齢者向けの新たな商品・サービス、ICT や人工知能などを用いた新たな商品・サービスが多数創出されると期待しますが、それでも個人消費者向けの商品・サービスの市場とそれらを取り扱う企業向けの商品やサービスの市場の全体規模は縮小していくと予想されます。するとそれらの商品やサービスを取り扱う部署や従業員が過大になると予想されます。

　企業は合理的な経営をめざして可能な限りコストを削減します。海外事業・業務の拡大が予想され、国内事業・業務の縮小が必要となれば、本社を含めた国内の事業拠点と海外の事業拠点の間で適切に拠点機能、取扱品目、統括対象地域、研究開発対象などを分担し、国内関係業務の余剰部署・人員を海外関係業務に振り向ける、国内と海外に関する業務を一元的に行う部署を設けることなどが多くなるでしょうし、本社機能を海外に移すことも珍しくなくなるでしょう。

　すると、本社はもちろん国内の支社・支店で働いていても、単純な事務・労務作業に従事する場合を除いて、日常的に海外事業に関係する業務に携わることになります。例えば、現地向けの商品開発に参加する、現地の人事や経理や顧客情報などのデータ処理を行う、現地従業員の研修を担当する、現地での品質管理に関与するなど、これまで海外事業拠点限りで行っていた業務に国内事業拠点のスタッフも関わることになると思われます。

　このように海外事業を展開する企業で働く多くの人々のことを念頭に置きながら、グローバル化に対応する新たな人材育成政策が求められたのです。

5．人材育成上の目標－日本に立地する国際的中枢拠点機能に携わる多くの人々

　次に、国際的中枢拠点機能（図5－5参照）に関わって働く人々のことを考えます。

　①の外国企業で地域統括業務を担当する幹部従業員、②～④で専門サービスを担う専門スタッフは、それぞれの分野、業務で必要な専門的な知識、能力と経験を備えるとともに、国内外の企業や人々をパートナーとして仕事を

するための能力、例えば、英語によるコミュケーション能力などを兼ね備えています。政府文書にあった「世界で活躍できるグローバル人材」という表現がぴったりくるような人たちかもしれません。

しかし、国際的中枢拠点機能には、そのような幹部従業員や専門スタッフの雇用だけでなく、もっと一般的な管理的業務や事務的業務に従事する人々の雇用が期待されています。

一般管理スタッフや事務スタッフの仕事は、組織内部の管理／事務業務や国内外の顧客との交渉や文書のやりとりから、国際的な中枢拠点機能に相応しく顧客を確保するための営業活動にも及びます。例えば、国際空港、国際港湾としての地位を維持するためには、外国の航空会社、海運会社に働きかけて定期便を誘致し、利用が見込まれる企業に継続的な利用を働きかける努力が不可欠です。そのためにも世界的な輸送動向や国内外の企業に関する情報収集が必要となります。さらに、国内外の顧客の需要動向に応じて、施設設備を整備する、専門スタッフを新たに雇用する、などのために必要な調査や準備等も一般管理スタッフや事務スタッフの仕事です。

国際的な中枢拠点機能に類似する⑤、⑥では、一般管理スタッフや事務スタッフの営業活動、情報収集、調査などがより重視されると思われます。

グローバル人材育成は、このような国際中枢拠点機能に携わる多くの人々のことを念頭に置いて、提唱され、政策形成に至りました。

６．グローバル人材とは－グローバル化に対応して求められる人材

このように説明すると「でも、グローバル人材ってグローバルに（＝地球規模で）活躍できる人のことなのでしょう。大勢いる普通の会社員がグローバル人材と言われても違和感あるよね」と思う人もいるかと思います。

「グローバル人材」は「グローバル化に対応して求められる人材」を短縮した表現で、それ以上の意味はありません。「グローバルに活躍できる人材」と考えると、一般の人より優れた能力があって、上に立って活躍する人物という人材像がイメージされてしまいます。

政策形成過程においても、実際の施策においても、想定されているのは広

第1部　グローバル人材の育成

範にわたる経済活動等を担う多数の人材です。グローバル人材育成に向けての教育は、小学校から大学を通じて、それも全国すべての小学校と中学校で、学級単位で実施されるべきものと考えられています。韓国の英才教育学校や特殊目的高校のように対象を限定した教育ではありません。

　なお、政府の文書には「世界と戦えるグローバル・リーダー」という表現もありますが、グループのリーダーに求められる資質能力とより広範なグローバル人材に求められる資質能力を勘案すると、グループのリーダーとしての役割に限定して教育を行うことには意味がありませんし、教育上の効果も期待できません。

　第5章で紹介した外国企業による対日関心度調査で、日本の強み、弱みとして評価した項目に「高度人材（管理職）」、「高度人材（専門職）」、「一般人材」がありました。これらを合わせたような広がりを持った人材像をイメージしてグローバル人材育成教育を進めることが適切です。

7．グローバル人材とは－国境を越えて就業力が認められる者

　それではグローバル人材とは具体的にどのような人材のことをいうのでしょうか。

　国境を越えて事業を展開する企業の従業員の活動内容は、同じ業種の同じ業務であれば、どの国の企業でもどの国で事業を行っても同じようなものとなり、業務を遂行するために必要な資質能力も業種、業務内容ごとに国境を越えた共通化が進みます。ですから、国内で担当する業務を十分に遂行し、課題にチャレンジして成果を挙げた人であれば、海外でも同じように業務を遂行して成果を挙げることができるはずです。

　しかし、日本人が海外で働くためにはそれに相応しい業務遂行の基盤となる資質能力が必要です（図6－6参照）。また、社会的に自立するためには海外で働くことも嫌がらない意思が必要です（同）。

　海外で働くことに相応しい業務遂行の基盤となる資質能力は、国内で働くためのものと要素は同じですが、その要素ごとにより豊かで厚みを増したものでなければなりません。例えば、日本語に加えて英語等での意思疎通、日

74

本の生活文化環境に加えて日本と異なる生活文化環境への適応、日本人との良好な人間関係に加えて異なる文化的背景を持つ人々との良好な人間関係の形成、日本語での論理的な表現に加えて英語等での論理的な表現、などが必要です。

逆に、海外で働くための基盤となる資質能力と、たとえ海外であっても職業に就いて自立する意思、すなわち海外での就業力があれば、国内事業拠点でも海外事業拠点でも、また外国企業でも働くチャンスを得ることができます。業務遂行に必要な専門的な知識、能力の共通化が進んでいるので、大学で修得した基礎知識の上に、職場内訓練と業務経験などを通じて専門的な知識、能力が修得、形成され、その知識、能力を発揮できれば、海外事業を展開する日本企業の国内拠点でも海外拠点でも、また外国企業でも、業務を十分に遂行して成果を挙げることができるでしょう。

また、海外での就業力があれば、国際的中枢拠点機能や類似機能の一般管理スタッフや事務スタッフとして働くチャンスが得られ、それぞれの職場で業務に従事することなどを通じて専門的な知識や能力を修得、形成できれば、十分に業務を遂行し、成果を挙げることが期待できます。

業務遂行の基盤となる資質能力と職業に就いて自立する意思、すなわち就業力は、主に学校教育を通じて形成されます。政府はグローバル人材育成を学校教育の主要課題と定めているのですから、育成目標とする人材像を学校教育で到達可能なレベルに設定することには十分な合理性があると考えます。このように考えて、国内だけでなく海外でも就業力がある人、国境を超えて就業力が認められる者のことをグローバル人材と定義します。

8．教育を受ける権利を保障する観点からのグローバル人材育成

グローバル人材を、国内外を通じてその就業力が認められる者と定義すると、その具体的なイメージや意味するところが明確になります。それだけでなく教育政策的な観点からも適切です。

グローバル人材の不足が指摘され、その育成が提唱されたのは、日本企業の人材確保という観点からのものです。政府のグローバル人材育成政策も、

第 1 部　グローバル人材の育成

日本再興戦略（図1−1参照）に示されているように、日本企業の競争力を高めるという産業政策の一環と考えられます。しかし、産業の立場からだけでなく、国民や児童生徒の立場からグローバル人材の育成を考えることが必要です。

　教職課程を履修した人は、「教育行政」の授業で、憲法第13条に幸福追求の権利が定められ、それを実質化するため第26条に教育を受ける権利が定められ、これらに基づいて教育基本法、学校教育法が制定され、学校教育が実施されている、などのことを勉強したと思います。

　グローバル化した社会にあって、憲法第13条に定める幸福追求の権利に対応する政府の責務は、一人ひとりの国民がグローバル化社会を生き抜いて幸福を追求していく権利を尊重する、というように読み替えて解釈されることが必要です。また、第26条に定める教育を受ける権利に対応する政府の責務は、主権者、基本的人権の主体としての発達保障等を別にすれば、国民一人ひとりが社会的、職業的に自立して幸福を追求していくことができるようにする観点から、すべての児童生徒にグローバル化社会において社会的、職業的に自立するために必要な資質能力を修得する機会を保障する、ことになります。

　グローバル人材を「国境を越えて就業力が認められる者」と定義すれば、職業的に自立するために必要な資質能力が就業力ですから、グローバル人材の育成を目標として教育を行うことは、当然に、グローバル化社会において職業的に自立するために必要な資質能力を修得する機会を提供することになります。逆に、グローバル化が進む社会においては、グローバル人材に求められる資質能力を児童生徒が修得、形成できるような教育活動が提供されないと、教育を受ける権利が実質的に保障されていないことになります。

　グローバル人材育成教育は、産業競争力強化の観点からだけでなく、グローバル化社会における教育を受ける権利を実現する観点から実施される必要があります。

76

９．グローバル人材育成教育の対象はすべての児童生徒

　グローバル化は、日本企業の海外事業展開を加速するとともに、外国企業の日本進出も加速します。この結果、日本企業の国外の事業拠点で働く日本人、外国企業の日本国内の事業拠点や外国企業が出資した日本法人で働く日本人、外国企業と日本企業の合弁企業で働く日本人、のいずれもが増えていると考えられます。今後は、日本人が外国企業や合弁企業の第三国（外国企業の本拠でも日本でもない国）事業拠点で働くこと、また日本人が外国で起業することも増えると予想されます。

　そのような状況自体がグローバル化とは何かを具体的に表すものですし、国境を越えた商品とサービスの市場の一体化、雇用と労働力市場の一体化がそのような状況を創り出し、そして日本の人口減少がそのような傾向を加速すると思われます。

　一人ひとりの国民にとっては、日本企業であれ外国企業・合弁企業であれ、場所が日本であれ海外であれ、仕事とそれに相応しい報酬を得て、社会的に自立し、それぞれの幸福を追求できることが何より大切です。それができて初めて国や地域や社会に対する貢献も可能です。

　グローバル人材育成は、人口が減少してゆく日本が、一定の経済規模を維持し、国民生活の安定と向上を図るために不可欠な、国政上の重要な課題です。それとともに、人口が減少する時代に生まれた日本人が、グローバル化社会を生きる力を身に付けたい、身に付けてほしいという国民にとって切実な願いや期待に応える教育上の重要な課題です。

　このような観点からも、グローバル化社会における教育を受ける権利を実質的に実現する観点からも、グローバル人材の育成を目標とする教育はすべての児童生徒を対象として行われなければなりません。

第1部　グローバル人材の育成

第8章

グローバル人材に求められる資質能力
－学校で何を学ばせ、どのような資質能力を育むのか－

1．グローバル人材に求められる資質能力を考える方法

　グローバル人材にはどのような資質能力が求められるのでしょうか。児童生徒は、学校でどのような知識・技能を学び、どのようなスキルを修得し、どのような態度を形成すればよいのでしょうか。

　グローバル人材にはどのような資質能力が必要かを考えるには、二つの方法があります。一つはグローバルに事業を展開している企業に対する調査を行うことです。政府に対する企業団体の要望書を分析するなどのことも含まれます。このような観点から、国立教育政策研究所では、平成22～23年のプロジェクト研究「グローバル人材育成に関する調査研究」において、グローバルに事業を展開する大手企業等を対象に新規大学卒業者の採用方針等に関する調査を実施しました。調査では、書面による予備調査の上で、対象企業の本社に採用担当の役員・執行役員等を訪れ、2～3時間のインタビュー（企業からの説明と質疑応答）を行いました。

　もう一つは修得目標等の国際標準設定や教育目標の共通化に関する国際的な動向を踏まえ、それらの修得目標、教育目標の内容を分析することです。

　グローバル化により企業の従業員等として働くために必要な資質能力の共通化が進んだので、小学校など初等教育段階の学校から、中学校や高校など中等教育段階の学校、大学など高等教育機関までを通じて、例えば、英語によるコミュニケーション能力、ICT を用いた情報処理能力、論理的な思考

力と表現力、プレゼンテーション能力など、各国の学校教育における教育目標、育成しようとする能力の設定内容は共通化の度合いを深め、学校教育の改善に向けた国際的な協調や国境を越えた標準的な修得目標・修得内容の設定等の取り組みが進展しています（図4-1参照）。これらは、各国・地域で共通して就業力と考えられているもの、すなわち国境を越えて通用する就業力の育成をめざす取り組みですから、それらの修得目標等の内容を分析してグローバル人材に求められる資質能力を選り分けることができます。

２．国境を越えた標準的な修得目標の設定とその教育的な意義

　グローバル化の進展を踏まえて、国境を越えて標準的な学校教育における修得目標を設定する、あるいは学校教育の修得目標を国際的なものにしていく取り組みには次のようなものがあります。

OECD　　　　　：キー・コンピテンシー Key Competencies
　　　　　　　　　生徒の学習到達度調査 PISA
UNESCO　　　　：地球市民教育 Global Citizenship Education の目標とコ
　　　　　　　　　ンピテンシー
米国連邦教育省：21 世紀スキル 21st Century Skills

　これらに共通しているのは、学校教育や学習指導の目標を、教える内容として設定するのでなく、児童生徒が修得・形成する能力と資質として設定していることです。

　実は、このことは非常に大きな意味を持っていて、学校教育における二つの重要な方向転換をもたらしました。すなわち、学校教育の意義を学校と教員の側の行為から児童生徒の側の変化に転換し、学習指導の基本スタンスを教えることから学ぶことへ転換しました。また、学校教育の質の保証を、教員の資格や員数など条件整備保証と教育課程の実施、児童生徒の出席など教育活動の保証から、児童生徒の学習後の到達度、目標とする能力の修得など

第1部　グローバル人材の育成

学習成果の保証に、転換することを促しました。そして、これらの方向転換を国際的な趨勢としました。

①学習指導の意義：
　　　教員が教える ➡ 児童生徒が学ぶ

　学習指導の基本スタンス：
　　　知識等を教授する ➡ 学ぶ場を設定し、学びを導き、支援する

②学校教育の質の保証：
　　　条件整備の保証、教育活動の保証 ➡ 学習成果の保証

3．OECD のキー・コンピテンシー

　経済協力開発機構 Organigation for Economic Cooperation and Development；OECD は自由市場資本主義経済体制をとる日米等の先進国、中進国と欧州連合 EU 構成国が加盟する国際組織で、加盟国における経済成長の実現、自由貿易の拡大と発展途上国の経済開発支援を基本方針とし、加盟国が協調して基本方針に沿った経済政策と関連する福祉政策等を進めることを促しています。

　このような活動の一環として、OECD 加盟国は、義務教育修了段階の生徒による知識・技能の修得程度を把握するため、1997年から学習到達度調査 Programme for International Student Assessment；PISA を始めました。しかし、生徒達が卒業後に社会人として成功するかどうかは PISA で把握する特定教科に関係する知識技能よりずっと広範な能力、コンピテンシーの有無にかかっていることが改めて認識されました。そこで OECD は、学校教育とそれを補完する生涯学習の目標を設定するため、個人が十分な生活を送る上で必須の資質能力（キー・コンピテンシー）を策定することとして、1997年末にキー・コンピテンシーの定義、選定事業 Definition and Selection of Key Competencies; DeSeCo に着手し、2003年にとりまとめました。

第8章　グローバル人材に求められる資質能力

図8－1　OECDのキー・コンピテンシー

①自己と外界（社会，世界、知識体系等）との間の相互作用のため、A．～C.
に掲げる手段を使う能力
　A．言語、記号、文書の使用
　　（読み書きし、話し聞いて、あるいは数学や科学の記号等によって、示さ
　　れた内容を理解し、あるいは自己を表現する能力）
　B．知識と情報のやりとり
　　（与えられた知識と情報を批判的に考察して、自身の見解等を返す等の能
　　力）
　C．ICTなどの技術の使用
②言語、宗教、文化、信条などが相互に異なる人々の集団において、他者と
関わり、コミュニケーションするためのD．～F．に掲げる能力
　D．円滑に人間関係を形成する能力
　E．他者と協力する能力、明確な役割分担を持つチームで自身の役割を適
　　切に果たす能力
　F．対立を協調等に至る過程と認識しつつ、対立を適切に制御し、解決す
　　る能力
③社会的に自立して行動するためのG．～I．に掲げる能力
　G．システムや状況の大局的な把握の下に行動する能力
　　（自身が属す社会、組織、文化、状況とその中での自身の立場や行動の影
　　響を理解して行動する能力）
　H．人生・生涯設計とそのための具体的な行動計画を定め、実行する能力
　I．自己の権利、利益、限度、要求を表明し、保全する能力

（出典）　OECD, THE DEFINITION AND SELECTION OF KEYCOMPETENCIES Exec
　　　　utive Summary, OECD ウェブサイト（Retrieved Mar. 21, 2010 http://www.oecd.
　　　　org/pisa/35070367.pdf）から

　図8－1にその概要を筆者がさらに整理し、訳したものを示します。

4．米国連邦教育省の21世紀スキル

　米国では、憲法上、教育、福祉、医療、警察、司法などの内政は州政府の
権限に属していて、連邦政府の権限は外交、防衛、郵便、貨幣などのほか

第1部　グローバル人材の育成

は、州境を越える通商に関連した事項に限定されています。このため、連邦政府の教育省は、大学生等に対する奨学金の給付とともに、各州政府に対して教育政策や学校教育のモデルを示し、それに呼応する州政府や学校の取り組みに対して財政的、技術的な支援を行うことを主たる役割としています。

そうしたモデル提示の一環として、米国連邦教育省は2002年に21世紀スキル21st Century Skillsを策定しました。そして、個人が大学教育等によって21世紀スキルを修得しようと考えれば修得できる状態まで準備を整えることを、各州の幼稚園から高校までの教育（K-12）の中核に位置付けることを提唱しました。

また、米国連邦教育省は、21世紀スキルの修得が重要との世論を喚起するとともに、企業の資金、組織、活動力を活用し、教員団体の支援を得て、21世紀スキルを修得目標とする教育（以後、「21世紀スキル教育」）を学校に普及させようと、タイム・ワーナー、アップル、デル・コンピュータ、マイクロソフトなどの企業、及び約300万人の教員が参加する全米教育協会ととも

図8-2　米国連邦教育省等の21世紀スキルの枠組み

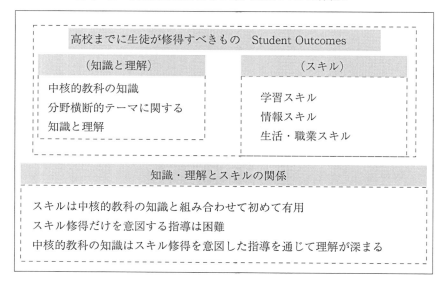

に21世紀スキル事業組合 The Partnership for 21st Century Skills：P21を設立しました。

　その後、21世紀スキルは複数回の改訂を経て洗練され、現在では、中核的教科の知識、分野横断的テーマに関する知識と理解、並びに学習、情報及び生活・職業に関するスキルを合わせたものを21世紀スキルとし、高校までの修得目標 Student Outcomes と位置付けています。

　図8−2、及び図8−3に、筆者がその概要を整理し、訳したものを示します。

図8−3　21世紀スキルを構成する中核的教科の知識と各スキルの内容

①中核的教科と分野横断的テーマ
　　（中核的教科…すべての生徒が修得すべきもの）
　・国語(英語)・外国語・芸術・数学・経済学・科学・地理・歴史・政府と公民
　　（分野横断的テーマ‥今後中核的教科への編入が予想される）
　・グローバルな状況と課題・経済、企業、起業等・市民生活、健康等‥に関する知識と理解
②学習とイノベーションのためのスキル
　　（より複雑高度な生活と職業に準備する生徒向け）
　・創造性とイノベーション能力…新思考方法など創造的に思考、アイデアの創出など他者と創造的に作業、イノベーションへの参画
　・批判的思考能力と問題解決能力‥演繹法／帰納法等を用いて効果的に推論、構成要素間の因果関係分析に基づきシステムの特性や振舞いを把握、分析／評価／情報解析等を通じた判断／決定、問題解決
　・コミュニケーション（意思疎通）能力と協働能力…考えや見解を言語その他の手段を用いて明瞭・効果的に述べる、他者と協働する
③情報とメディアと情報通信技術に関するスキル
　・情報に関する知識と技能‥情報へのアクセスと情報の評価、情報の利用と制御
　・メディアに関する知識と技能‥メディア情報の特性、メディアを通じた情報発信

第1部　グローバル人材の育成

> ・情報通信技術に関する知識と技能・・情報通信技術の利用
>
> ④生活と職業に関するスキル
>
> 　　（グローバル競争は思考技術と知識以上に生活と仕事を発展させるスキル
> 　　を求める）
>
> ・柔軟性と適合性・・変化への適応、柔軟さ
> ・主体性/自発性と克己心・・具体的な短期及び長期の目標設定、時間の管理、
> 　主体的な業務への取り組みと自己向上努力
> ・社会性と多元文化対応スキル・・適切に話し、聞く技術、相手を尊重する
> 　態度、文化的多様性や異なる見解等についての寛容
> ・成果達成能力と説明責任・・目標設定等、説明責任の認識と能力
> ・指導性と責任・・他の人に対する指導力、責任ある振る舞い

（出典）　The Partnership for 21st Century Skills, FRAMEWORK FOR 21ST CENTURY
　　　　LEARNING, P21 ウェブサイト (Retrieved Mar. 21, 2010 from http://www.p21.
　　　　org/about-us/p21-framework) から

　連邦教育省が企業や全米教育協会とともにＰ21を組織し、企業主導で21世
紀スキル教育の導入を学校に働きかけているのは、教育行政権限が州政府に
あり、21世紀スキル教育を採り入れるかどうかが州教育省や市郡の教育当
局、学区教育委員会の判断にかかっているからです。Ｐ21のウェブサイトに
よれば、既に19の州がＰ21のリーダーシップ州となり、教育課程編成の基準
に反映する、評価のためのテストを実施する、教員の研修に導入するなどの
取り組みを進めています。

　さらに、Ｐ21に参加する企業は、外国の政府や教育団体等に対しても、21
世紀スキル教育の導入を働きかけていて、21世紀スキルは国際的な広がりを
持った学校教育の目標となっています。

5．キー・コンピテンシーと21世紀スキルに共通するもの－スキルの 強調

　図8-1を見て驚く人もいるかもしれません。学校で教えることは、数学の
方程式などの解法や図形の公式、国語や英語の文法や文章の解釈の仕方、地

理や歴史や生物の知識、物理や化学の法則など、と考えている人も多いと思いますし、大学の教職課程で教える内容も各教科の専門知識が多いと思います。

ところが、キー・コンピテンシーの中で、各教科の指導内容に相当するとすぐに分かるのは「A. 言語、記号、文書の使用」くらいです。他の事項は道徳や特別活動で指導する内容や生徒指導上の課題のようにさえ思われます。一方、21世紀スキルでは、中核的教科の知識と各種のスキルが並置されていて、キー・コンピテンシーより理解しやすいと思われます。

これまで、学習指導とは児童生徒に知識と技能を習得させること、と考えられていました。しかし、現在では、学校での学習により、児童生徒が知識を習得するだけでなく、むしろそれ以上に、主体的な学習活動と社会生活に必要な能力や態度を修得、形成することが期待されています。これに関連して、学習指導の目標、すなわち学習指導を通じて児童生徒が修得すべきものが、教育内容でなく資質能力として設定されることが求められています。このような認識が、既に、欧米やシンガポール等では教育課程標準その他の学校教育施策に反映され、学校における実際の教育活動に導入されています。

キー・コンピテンシーはこのような認識を国際的に定着させました。図8－1に示した事項は、基礎的な知識を前提としつつ、スキルに重点を置いて、知識とスキルを一体的に捉えたコンピテンシーとして修得／形成目標とされたものです。

これに対して、21世紀スキルは知識とスキルを別の要素として示しています（図8－2参照）。しかし、とりまとめの意義、経緯などを示した前文には、知識とスキルは織り交ぜられ相互に依存する、スキルは中核的教科の知識と組み合わせて初めて有用、スキル修得だけを意図する指導は困難、中核的教科の知識はスキル修得を意図した指導を通じて理解が深まる、などの説明が示されています。

なお、ここではスキル、コンピテンシーとカタカナで表記していますが、スキルは能力と態度を合わせたような概念、コンピテンシーは必要な知識を含めた資質能力に近い概念と考えられます。

第1部　グローバル人材の育成

　また、キー・コンピテンシーと21世紀スキルには、ともにコミュニケーション能力が含まれています。言語でのコミュニケーションとは、当該言語により意思や考え方を、論理的にあるいは情感をもって、的確に伝えて相手に理解や認識、共感を得られる能力のことで、単に当該言語で会話できる能力のことではありません。

6．スキルを含めた「学力」を法律で定めた平成19年の学校教育法の改正

　学習指導の目標を、教育内容でなく、児童生徒が修得、形成する能力として設定すること、そして自立して生きていくためのスキルや、自立に必要な知識を主体的に学ぶためのスキルを修得目標とすることは、海外だけの動向ではありません。日本は、他の国に先駆けて、主体的な学習スキルの修得を学習指導の目標と位置付け、学校教育に導入するという方針を打ち出し、関連する教育施策を実施しました。

　昭和58年（1983）、中央教育審議会の教育内容等小委員会報告は、①学校教育の理念を、一般に必要な知識すべてを学校で教えるという「完成教育」から、「生涯学習」に転換すること、②学校教育の役割を、知識を教えることから自己教育力（＝学ぶスキルと主体的自己向上態度）を育成することに転換すること、を提言しました。提言は、その8年後の平成3年に実施された指導要録の改訂に反映され、「新しい学力観」という標語の下で、学習指導の目標を、知識活用スキル、学習スキルと自己向上態度の育成に置く、という方針が明確に示されました。

　その後、国の政策担当者の不勉強もあって、学習指導政策が揺らぎ、そのめざす方向が曖昧になりました。例えば、各教科の教育内容を精選して、スキル育成指導を充実させるはずでしたが、政策の重点が各教科の指導内容を減らすこと自体に置かれてしまいました。また、スキル育成指導については、「総合的な学習の時間」や「オープン・スペース」など条件整備が先行するばかりで、育成するスキルの教育課程上の位置付けが不十分、スキル育成指導に相応しい授業形態や教育方法の開発が遅れた、などの問題から実質

第8章　グローバル人材に求められる資質能力

図8－4　学校教育法第30条第2項の規定内容

第30条小学校の教育は…
②前項の場合においては、生涯にわたり学習する基盤が培われるよう、基
　礎的な知識及び技能を習得させるとともに、
　　これらを活用して課題を解決するために必要な思考力、判断力、表現
　　力その他の能力をはぐくみ、
　　主体的に学習に取り組む態度を養う
　ことに、特に意を用いなければならない。
（注）　第30条第2項は、第49条の規定により中学校に、第62条の規定に
　　より高校に、それぞれ準用される

が伴いませんでした。

　それでも、平成19年の学校教育法改正により、児童生徒が修得／形成する
資質能力が学習指導の目標として設定されました（第30条第2項）。（図8－
4参照）これにより、昭和58年の中央教育審議会報告で提言された内容が、
25年の歳月と紆余曲折を経て、漸く学習指導政策として確立されました。ま
た、学校の学習指導を国際的な動向に沿って変革していくという政策の方向
が明確になりました。

　なお、学校教育法第30条第2項の規定は小学校に関する規定ですが、中学
校、高校等にも準用されます。また、その内容はいわゆる学力の定義を初め
て法律で定めたものとも考えられ、今後、大学の入学者選抜にも、社会での
適切な学力観の形成にも、大きな影響を及ぼすものと予想されます。

7．キー・コンピテンシー、21世紀スキルと学校教育法の規定を比較
　すると

　OECD のキー・コンピテンシーと米国連邦教育省の21世紀スキルと学校
教育法の規定を比較してみましょう。

　まず、学校教育法に定める育成目標のうち「知識‥を活用して課題を解
決するために必要な思考力、判断力、表現力その他の能力」を「知識等の活

87

第1部　グローバル人材の育成

用による課題解決に必要なスキル」及び「課題解決に必要な知識等の習得に
必要なスキル」と拡大解釈します。次に「主体的に学習に取り組む態度」を
「主体的に自己向上に取り組む態度と関連するスキル」と拡大解釈します。

　また「知識等の活用による課題解決に必要なスキル」は、学校や家庭での
学習活動だけでなく、成人後の社会生活や職業生活の様々な場面での課題解
決の取り組み−状況把握、思考、理解、計画、意思疎通など−にも使うこと
ができるスキルとします。

　その上で、キー・コンピテンシー、21世紀スキルと比較すると、共通する
要素が多いことがわかります。しかし、キー・コンピテンシー、21世紀スキ
ルに含まれながら、学校教育法に定める修得目標には欠けている要素がいく
つかあります。

　その中で重要なものの一つは、人間関係の形成や集団の中での行動に関わ
るものの記述に乏しいことです。「表現力」だけが他者を前提としていま
す。人間関係の形成や集団の中での行動については学習指導要領に道徳や特
別活動の指導事項として記述されているので「基礎的な知識・技能」に含ま
れると強引に解釈することもできますが、明確ではありません。

　二つ目はグローバル化を意識した表現がないことです。学習指導要領の英
語や地理、世界史の教育内容や道徳の指導事項にはグローバル化に関連する
知識やグローバル化社会で必要な能力や態度に関連する事項が多数記述され
ています。しかし、それらを活用する機会や必要が増しているとの認識が示
されていません。

　三つ目は社会的、職業的な自立に直接関連する表現がないことです。規定
の冒頭にある「生涯にわたり学習する基盤」は、自立した社会人として職業
生活を送る等のために必要な知識等を主体的に学習する基盤と考えられま
す。ですから、社会的、職業的自立をめざして知識、スキルを修得する等の
ニュアンスは感じられますが、直接的な表現ではありません。また、「課題
解決」「学習に取り組む」などの表現は、社会生活、職業生活を含めたスキ
ルの汎用性を認識していないのではないか、との疑問を生じさせます。

　このように学校教育法の規定はいくつか重要な要素を欠いていますが、そ

88

第8章　グローバル人材に求められる資質能力

れでもやはりキー・コンピテンシー、21世紀スキルと共通する要素が多く、考え方は同じです。

8．グローバル展開企業が採用で重視する資質、能力、経験

　国立教育政策研究所では平成22～23年度プロジェクト研究「グローバル人材育成に関する調査研究」において、グローバルに事業を展開している大手企業等の採用担当役員・執行役員等に対する訪問調査を行いました。調査を通じて、グローバル展開企業が大学の学部、大学院を新たに卒業・修了した者の採用に際して共通に求める資質、能力、経験等の輪郭が明確になりました。それらを図8－5に示します。

　このうち英語力については、訪問したグローバル展開企業のすべてが本社採用の従業員に不可欠のものと考えていました。

　採用基準とするかどうかについては、社内公用語を英語としていることなどから採用の段階から一定の英語力を求め、採用基準にTOEICスコアを導

図8－5　グローバル展開企業が新規採用者に求める資質、能力、経験

（総論）
①　自分の考えをしっかりと持ち、それを相手に伝える基礎的な力
　　（論理的な思考力と表現力、一般教養など）
②　異文化の理解、異文化への適応、及び多様性の受容
　　（異質なグループと接した多様な体験など）
③　主体性と新しいことに積極的に取り組む姿勢
④　信頼関係を構築できるコミュニケーション能力
　　（相手の話をしっかり聞き、自分の意見を伝えるなど）
⑤　専門的な知識あるいは専門的な知識を修得してきた過程・経験等
⑥　前向きの思考、精神的なタフさ

（英語力）　　　　今後は必須のスキル
（海外在住経験）　数ヶ月程度の滞在経験、留学経験など内定者の相当数
　　　　　　　　　が海外に在住した経験がある

第1部　グローバル人材の育成

入している企業と、基礎的な英語力があれば入社後の従業員個人の努力によって十分な英語力が修得できると考えて、一定の英語力を採用基準としていない企業に分かれました。英語力を採用基準としていない場合でも、採用して一定の期間が経過した時点で、一定の TOEIC スコアに到達することなどを義務付けていて、一定の TOEIC スコア到達を昇給条件としている企業もありました。なお、調査の時点で一定の英語力を採用基準としていないが、今後は採用基準とすることを検討しなければならないと考えているとの回答もあって、一定の TOEIC スコア等を採用基準に導入する企業が今後増えるものと予想されます。

　また、海外での在住経験を採用基準としている企業は皆無でした。しかし、多くのグローバル展開企業から、調査時点で採用を内定している者の1／3程度あるいは40％程度が海外での長期の居住、留学、数ヶ月に及ぶ滞在など海外在住経験があると聞きました。一般に海外留学すると就職に不利になると言われることが多いのですが、実態はそうではないようです。

　日本経済団体連合会の倫理憲章に定める採用内定時期が卒業年次の10月とされたこと、外資系企業や日本経済団体連合会非加入の企業で通年採用の企業が増えていることなどを勘案すると、今後、グローバル展開企業の採用選考においては、海外留学など海外在住経験がより重視されるのではないかと考えられます。

9．グローバル人材に求められる資質能力－学校教育での育成目標－

　前章でグローバル人材とは国境を越えて就業力が認められる者のことと説明しました。また、就業力の多くは学校教育を通じて修得、形成されると述べました。ですからグローバル人材に求められる資質能力の多くは、学校教育により育成することが求められます。

　もちろん、家庭生活、児童生徒間の交友、地域社会での活動、留学などの海外在住経験なども資質能力の修得、形成に寄与しますが、学校教育の役割が非常に大きいことは言うまでもありません。

　グローバル人材に求められる資質能力のうち、学校教育により育成するこ

第8章　グローバル人材に求められる資質能力

とが期待されるものについては、政府の文書、文部科学省の文書、経済団体の文書等で様々に示されています。しかし、項目が多かったり、表現が簡潔でなかったり、国際的な動向を踏まえていなかったりで教育目標を設定する参考としては使いづらいと思われます。そこで、キー・コンピテンシー、21世紀スキルと学校教育法の規定内容を基本に、グローバル展開企業に対する訪問調査結果を勘案して、筆者が整理したものを図8−6に示します。

　また、前章で、一人ひとりの国民がグローバル化した社会を生き抜いて幸福を追求していく権利を保障する観点からもグローバル人材の育成をめざした教育が必要なことを説明しました。そして、グローバル化社会における教育を受ける権利は、グローバル人材育成教育によって実質的に実現されるこ

図8−6　グローバル人材に求められる資質能力

（グローバル化社会で求められる基本的な資質能力）
① 国際的に通用する専門的な知識と技能、英語で表現可能な一般的な教養
② 論理的な思考力と表現力
③ 互いに異質な言語環境での意思疎通（コミュニケーション）能力
④ 文化的多様性を受容し、尊重する能力及び態度

（日本の人口減少と東アジア経済圏の発展の時代に求められる資質能力）
⑤ 職業的自立、社会的自立をめざして、国内外を問わず、日系企業等・外国系企業等を問わず働く意思
⑥ 主体的に自己向上、特に社会生活、職業生活に必要な知識とスキルの向上に取り組む態度とその向上方法等に関する知識とスキル
⑦ 異なる環境や変化への柔軟性、適応性、（失敗を恐れない）積極性、精神と身体の非脆弱性

（経済・社会活動におけるグループのリーダーとして求められる資質能力）
⑧ マネジメント能力
⑨ 総合的見方と異分野の知識を統合して考える力
⑩ 行動力や責任感、指導性

第1部　グローバル人材の育成

とになるので、グローバル人材育成教育はすべての児童生徒を対象としなければならないと説明しました。

　したがって、グローバル人材に求められる資質能力のうち、学校教育を通じて育成することが期待されるものについては、すべての小中高等学校等がそれぞれの育成目標として設定し、その実現に取り組むことが求められます。

　図8-6に示した資質能力は、小学校から大学までの学校教育全体を通じて、修得され、形成されるべきものです。したがって、小学校、中学校、高校等は、児童生徒の発達段階に応じて、育成に関する役割を分担することになります。しかし、小学校から高校までのどの学校段階にあっても、①〜⑩のすべての育成に関わることが必要と考えられます。

第9章

グローバル人材育成教育をどのように実施するか
－教育課程への位置付け－

1．必要な取り組み－育成目標、教育課程と年間指導計画、指導方法と授業形態

　学校においてグローバル人材の育成をめざす教育を効果的に進めるためには、図9−1に示すような枠組みによる、計画的で組織的な取り組みが必要です。

　まず、小学校の低学年、中学年及び高学年、中学校、高校などの別に到達目標を設定します。その内容は、OECD が選定したキー・コンピテンシー

図9−1　グローバル人材育成教育に必要な取り組み

① 　グローバル人材に求められる資質能力について、資質能力ごとに、児童生徒の発達段階に応じて、適切に到達目標（修得する知識とスキル、形成される能力と態度など）を設定する

② 　①により設定された到達目標ごとに、その育成に関する学習指導を教育課程に適切に位置付ける

③ 　②に基づいて年間指導計画等を作成する

④ 　①により設定された到達目標ごとに、その修得のための学習指導に相応しい指導方法と授業形態を導入する、あるいは開発する

第1部　グローバル人材の育成

（図8−1）、米国連邦教育省が示した21世紀スキル（図8−2、図8−3）、筆者の「グローバル人材に求められる資質能力」（図8−6）などを参考とし、児童生徒の一般的な発達段階に応じて、修得する知識とスキルと形成される能力と態度、これらを組み合わせた資質能力項目などとします。

　到達目標は、グローバル人材育成教育が学校間で相互に関連をもって効果的に実施されるようにする観点からも、保護者や児童生徒に対してグローバル人材育成教育の質を保証する観点からも、学校外に公表することが求められます。

　次に、学校が設定した到達目標に応じて、それぞれの育成に必要な学習指導その他の教育活動を当該学校の教育課程に位置付けるとともに、それに基づいて各教科や「総合的な学習の時間」などに及ぶ年間指導計画を作成することが必要です。

　到達目標のうちの多くの項目は、知識の習得というよりも、スキルの修得あるいは能力と態度の形成と、それに加えて関連する知識の習得となると思われます。

　学習指導を通じてスキルを修得させようとすれば、スキルと知識を関連付けて指導する、あるいはスキルと知識を一体のものとして指導することになると考えられますが、いずれの場合であっても「黒板と教科書による一斉授業」ではスキルに関して効果的な指導を行うことは困難で、それに相応しい指導方法と授業形態の導入、開発が必要です。

２．グローバル人材育成教育と学習指導要領

　それぞれの学校においてグローバル人材育成教育に関する育成目標を設定し、育成目標の実現に必要な教育活動を教育課程に位置付けることについては、学習指導要領との関係を考えることが必要です。

　既にグローバル人材育成は教育政策の主要課題に位置付けられ（図1−1、図1−2参照）、それぞれの学校がグローバル人材育成に取り組むことが推奨されています。しかし、現時点では、グローバル人材育成を目標とする教育を教育課程に位置付けて実施することを直接裏付ける法令の規定や学習指導

第9章　グローバル人材育成教育をどのように実施するか

要領の記述はありません。

　国の教育課程の基本的な枠組みを定める学校教育法施行規則の関係規定・別表には教育課程を構成する要素の種類－各教科と道徳等の領域－と、各教科の名称及び年間授業時数、教育課程の基準として学習指導要領を示すこと、教育課程編成上の特例的取り扱いなどが定められています。しかし、関係規定や別表に、グローバル人材育成に関係した内容や表現はありません。

　学校教育法施行規則に基づき小学校、中学校、高校等の別に学習指導要領が告示されています。しかし、学習指導要領の教育課程編成に関する基本的な考え方や留意事項を示す総則中に、グローバル人材育成という目標や同等の表現はなく、また各教科の教育内容や道徳の指導事項に「グローバル人材」という表現はありません。「グローバル化」という言葉自体、地理や歴史の教育内容の他には見当たりません。

　もちろん、各教科の教育内容や道徳の指導事項、総則の教育課程編成や学習指導に関する留意事項には、キー・コンピテンシー（図8－1）、21世紀スキル（図8－2、図8－3）、「グローバル人材に求められる資質能力」（図8－6）に列挙された事項に相当する内容が多数含まれています。しかし、それらはグローバル人材育成という観点からの記述ではありません。

　このため、グローバル人材育成教育を構成する教育活動を、それぞれ、学習指導要領に記述された教育内容や指導事項に関連付け、あるいはそれらの発展として、あるいは学習指導上の留意点等に沿ったものとして実施することが望まれます。

　学習指導要領に関係する記述がない教育活動を学校の裁量で実施することは可能です。しかし、児童生徒の負担や各教科の授業時数の確保などの事情を考慮すれば、学校全体として年間を通じて取り組むような活動は学習指導要領の記述内容と関連をもって教育課程に位置付けることが望まれます。

3．グローバル人材育成と学習指導要領の改訂

　現在の学習指導要領は平成20年に告示されました。その時点では、既にグローバル化の進展が広く社会的に認識され、「大学の国際化」など教育政策

第1部　グローバル人材の育成

においてもグローバル化対応が求められていました。

　しかし、現在の学習指導要領の内容については、前の学習指導要領（平成10年告示、同14年実施）が大幅に減らした教育内容を回復することを基本として、その実施に前後して検討が始められました。中央教育審議会の審議（平成15〜19年）や文部科学大臣が提示した具体的な検討ポイント（平成17年）は、教育内容と授業時数の増に対応する教育内容の選定、補充的学習と発展的学習の許容、新学習指導要領への早期の移行措置などに重点が置かれていました。グローバル化への対応など新たな課題を探し、検討する余裕はなかったと思われます。

　グローバル人材育成が政策課題と認識され、公的な検討組織や研究組織が立ち上がったのは、大学教育に関するものが平成21年、初等中等教育に関するものが平成23年です（第6章10.　参照）。ですから、現在の学習指導要領に、グローバル化への対応という観点やグローバル人材育成に関する表現がないのも仕方ないことと思われます。

　そうであっても、今やグローバル人材育成は教育政策上の最も重要な課題の一つですし、今後はすべての学校がグローバル人材育成に取り組むことが求められています。

　このため、次期学習指導要領改訂等に関する文部科学大臣から中央教育審議会への諮問（平成26年11月）では、「グローバル化する社会」という時代認識とともに、「新しい時代を生きる上で必要な資質能力を・・育む」「これからの時代を自立した人間として・・生きていくために必要な資質能力・・育成」など、グローバル人材の育成、グローバル人材に必要な資質能力を育成するという観点が明確に示されています（図9−2参照）。

　特に、「これからの時代・・必要な資質能力をどう捉えるか。・・それらの資質能力と、各教科等の役割と相互の関係はどのように構造化されるべきか」との記述が重要です。「資質能力」をスキルと読み替えてみてください。そうすれば、この記述の重要性がわかります。

　キー・コンピテンシーと21世紀スキルは、ともにスキルを強調しています（第8章5.）。コンピテンシーはスキルと知識を一体に捉えたような概念で

第9章　グローバル人材育成教育をどのように実施するか

す。また、21世紀スキルは、知識とスキルを分離しつつ、「スキルは中核的教科の知識と組み合わせて初めて有用」、「スキル修得だけを意図する指導は困難」、「中核的教科の知識はスキル修得を意図した指導を通じて理解が深まる」と説明しています。

　これらを考慮すると、グローバル人材育成に関連した教育活動は、平成32年に実施予定の次期学習指導要領により適切に教育課程に位置付けられ、特にスキル育成のための指導と各教科の教育内容（＝知識）に関する指導との関連が明確になると予想されます。

図9−2　学習指導要領の改訂等に関する中央教育審議会への諮問理由から

新しい時代を生きる上で必要な資質・能力を‥育んでいく‥学習指導要領等の改善を図る必要

新しい時代に必要となる資質・能力の育成に関連して…例えば、OECD が提唱するキー・コンピテンシー‥、論理的思考力や表現力、探究心等を備えた人間育成を目指す国際バカロレアのカリキュラム‥（これらに）共通しているのは‥知識の伝達だけに偏らず、学ぶことと社会とのつながりをより意識した教育‥

（具体的審議事項）
第一に‥教育内容を‥示すのみならず、育成すべき資質・能力を‥育む観点から‥学習指導要領等の在り方‥

○これからの時代を自立した人間として多様な他者と協働しながら創造的に生きていくために必要な資質・能力‥をどう捉えるか。特に重要と考えられる‥主体的に取り組もうとする意欲や多様性を尊重する態度，他者と協働するためのリーダーシップやチームワーク、コミュニケーションの能力…それら育成すべき資質・能力と、各教科等の役割や相互の関係はどのように構造化されるべきか。

第二に、育成すべき資質・能力を踏まえた、新たな教科・科目等の在り方や既存の教科・科目等の目標・内容の見直し

第1部　グローバル人材の育成

○グローバル化する社会の中で、言語や文化が異なる人々と主体的に協働していくことができるよう、外国語で躊躇せず意見を述べ他者と交流していくために必要な力や、我が国の伝統文化に関する深い理解、他文化への理解等をどのように育んでいくべきか。

第三に、…各学校におけるカリキュラム・マネジメントや、学習・指導方法‥の改善を支援する方策

○学習指導要領等に基づき、各学校において育成すべき資質・能力を踏まえた教育課程を編成していく上で、どのような取組が求められるか。

○新たな学習・指導方法や、このような新しい学びに対応した教材‥の今後の在り方についてどのように考えるか。また、そうした教材…の更なる開発や普及を図るために、どのような支援が必要か。

4．現在の学習指導要領の下でのグローバル人材育成教育－修得する知識とスキルを各教科の教育内容等に関連付ける－

　学校でグローバル人材育成教育を実施するために、資質能力ごとに学校としての育成目標を設定し、それに相応しい教育活動を計画して学校の教育課程に位置付ける（図9－1参照）際には、学習指導要領の記述内容と関連付けることが望ましいと述べました。

　関連付けるにはどうすればよいのでしょうか。

　簡便なのは、グローバル人材に求められる資質能力に対応して学校が設定する到達目標を、各教科の教育内容に関連付けることです。例えば、到達目標とされた修得する知識とスキルを、それぞれ、特定の教科の教育内容に含まれるものとして取り扱う、特定の教科の教育内容と深く関連するものとして当該教科の発展的な学習内容に位置付ける、特定の教科の学習指導上の留意事項に相当するものとして当該教科の教育内容と一体のものとして取り扱う、などにより各教科の教育内容に関連付けることができます。

　このように到達目標を教育内容と関連付けることによって、到達目標の知

識やスキルを修得するための教育活動を、その関連付けされた教科の授業として、教育課程に位置付けることができます。次に、当該教科の本来の趣旨、目標を実現するための年間指導計画等とは別に、当該知識やスキルを修得するための年間指導計画等を策定します。その上で、それらの指導計画に基づき、両者を一体的に実施するための授業計画を作成します。

5.「総合的な学習の時間」の活用だけでは不十分

　読者の中には、「『総合的な学習の時間』を活用すればいいのでは。そうすれば、到達目標を教育内容と関連付けるようなことをしなくても、教育課程に位置付けられるのでは」と疑問に思う人も少なくないと思われます。

　「総合的な学習の時間」であれば、各学校の裁量で教育の目標と内容を設定することができます。また、学校としての全体計画や年間指導計画には「育てようとする資質や能力及び態度」を示すことになっています。その上、学習指導要領には「各教科・・で身に付けた知識や技能等を相互に関連付け、学習や生活において生かし、それらが総合的に働くようにすること」と記述されています（図9−3参照）。

　キー・コンピテンシー（図8−1）や21世紀スキル（図8−2、図8−3）にも通じる学習指導の在り方が示されていて、まさにグローバル人材育成教育にピッタリの存在です。

　グローバル人材の育成をめざして設定した到達目標を、「総合的な学習の時間」の「育てようとする資質や能力」に設定すれば、それだけで教育課程に位置付けたことになり、年間指導計画を作成して、授業を行えます。

　しかし、「総合的な学習の時間」の授業時数は、小学校で週１時間、中学校で週1.4時間（第１学年）〜２時間（第２、３学年）、高校で週１〜２時間です。（なお、高校は単位制で、「総合的な学習の時間」の標準単位数は３年間で３〜６単位とされているので、１単位＝週１時間として換算しました。）それだけでグローバル人材育成教育を行うには、授業時数が少なすぎます。

　例えば、「グローバル人材に求められる資質能力」（図8−6）に示した項目のうち、「①国際的に通用する専門的な知識と技能、英語で表現可能な一般

第1部　グローバル人材の育成

図9－3　中学校学習指導要領　「第4章　総合的な学習の時間」から

第1　　目標

‥自ら学び、自ら考え、主体的に判断…資質や能力を育成する‥学び方やものの考え方を身に付け‥

主体的に取り組む態度を育て、自己の生き方を考えることができるようにする

第3　　指導計画の作成と内容の取扱い

1　指導計画の作成に当たっては、次の事項に配慮するものとする

(1)　全体計画及び年間指導計画の作成‥学校における全教育活動との関連の下に、目標及び内容、育てようとする資質や能力及び態度‥などを示す

(3)　‥各学校において定める目標及び内容‥社会とのかかわりを重視

(5)　学習活動‥例えば国際理解‥など横断的・総合的な課題‥生徒の興味・関心に基づく課題‥地域や学校の特色に応じた課題‥職業や自己の将来に関する学習活動などを行う

(6)　各教科、道徳、特別活動で身に付けた知識や技能等を相互に関連付け、学習や生活において生かし、それらが総合的に働くようにすること。

的な教養」の基盤となる知識等を各教科で修得させ、「⑩行動力や責任感、指導性」を道徳や特別活動で育成するとしても、これら以外のすべての資質能力項目を「総合的な学習の時間」だけで育成するのは困難です。

　また、図8－2に示したように、各教科の教育内容－知識－と切り離してスキル修得だけを意図して指導を行うことは困難ですし、スキル修得を意図した指導を通じて却って教育内容の理解も深まることが期待されます。ですから、「総合的な学習の時間」だけでなく、各教科の授業においてもスキル修得のための教育活動を実施できるような教育課程上の位置付けが必要です。

6.「道徳」の時間、特別活動、生徒指導を主とするのでは不十分

　また、読者の中には「各教科の教育内容に近いものはその教科の授業で教え、そうでないものは『道徳』の授業やHRで教えたり、生徒指導で指導す

第9章　グローバル人材育成教育をどのように実施するか

ればいいのでは」と疑問に思う人もいるでしょう。

　例えば、「グローバル人材に求められる資質能力」（図8−6）の「④文化的多様性を受容し、尊重する能力及び態度」、「⑩行動力や責任感」は、それぞれ、道徳の指導事項とされている「いろいろなものの見方や考え方があることを理解して、寛容の心をも（つ）」、「目標を目指し・・着実にやり抜く強い意志をもつ」、「集団・・役割と責任を自覚」（中学校学習指導要領第3章道徳）に対応するように思われます。

　「道徳」の時間は、小学校から高校を通じて週1時間ですが、学級会やHRでの一斉指導、生徒指導での個別指導を活用すれば、児童生徒は④、⑩に示されたスキルを修得することができるようにも思われます。

　しかし、道徳教育は、「道徳」の時間に道徳的実践力を養い、各教科の授業など教育活動全体を通じて道徳的実践に関する指導を行い、それらが一体となって道徳性を深めていくという構造を採っています。道徳の授業は、図8−6の④、⑩を含めて、キー・コンピテンシーや21世紀スキル、「グローバル人材に求められる資質能力」などに示されたスキルに関わる心性の基盤を形成するもので、それらのスキル修得には教育活動全体を通じた指導が必要です。

　また、繰り返しになりますが、各教科の教育内容−知識−と切り離して、態度や考え方等だけを身に付けさせようと指導することは困難ですし、態度や考え方を含めたスキル修得を意図した指導を通じてこそ児童生徒が教育内容をより深く理解することが期待できます。

　ですから、教育内容と関係ないように思われる資質能力項目についても、「道徳」の時間やHRだけでなく、各教科の授業においてそれらを修得するための教育活動を実施できるような教育課程上の位置付けが必要です。

７．スキル修得のための教育活動と年間指導計画、授業計画

　あるスキルが各教科の教育内容に関連付けられ、そのスキルを修得するための教育活動が当該教科の授業で行われる場合、年間指導計画や授業計画はどのようにすべきでしょうか。

第1部　グローバル人材の育成

　本来であれば、各教科の指導単元ごとに、当該単元における教育内容（知識と技能）とこれに関連する特定のスキルを組み合わせて年間指導計画を作成し、これに基づいて授業計画を作成することをお奨めします。この単元では○○に関する知識と技能とこれに関連する△△のスキルを指導する、と明確に指導目標、修得目標を設定します。すると、当該知識・技能・スキルの指導に相応しい指導方法、授業形態の導入も容易になります。年間指導計画に明確に位置付けられていれば、事前に研究し、計画し、準備することが可能になるからです。

　また、特定のスキルに焦点を絞って指導することで、必要なスキルの指導が確実に行われることになります。

　国立教育政策研究所では、これと同じ考え方に立って、教育課程、さらにはその編成基準の学習指導要領を、教育内容とスキルの組み合わせを基本として構成できないか、もし構成するとすればどのような記述形式になるのか、などについてプロジェクト研究「教育課程の編成に関する基礎研究（平成21～25年度）」を実施しました。その平成24年度までの研究成果が報告書「社会の変化に対応する資質や能力を育成する教育課程編成の基本原理」にとりまとめられ、さらに理論的検討を深め、実証的な事例研究を加えた最終報告書「資質や能力の包括的育成に向けた教育課程の基準の原理」（平成26年3月）がとりまとめられ、公表されています。

　平成26年11月の学習指導要領等の改訂に関する中央教育審議会への諮問説明文中の「育成すべき資質・能力と、各教科等の役割や相互の関係はどのように構造化されるべきか」は、このプロジェクト研究の成果を踏まえたものと考えています。

　しかしながら、現在の学習指導要領は教育内容を基本として構成されているので、学校の年間指導計画もこれに倣って作成されます。学習指導要領改定の具体的な方向性や構想が明らかになっていない状況で、年間指導計画の構成原理だけを変更することは難しいと思われます。

　そこでお奨めするのが、教育内容に関する年間指導計画とは別に、スキルの指導に関する年間指導計画を作成することです。そして、それらに基づい

第9章　グローバル人材育成教育をどのように実施するか

て、教育内容の指導単元ごとに特定の教育内容と特定のスキルの組み合わせを設定することです。二つの年間指導計画に基づき一体化した授業計画を作成し、実施することとすれば、これまで述べてきたことが実質的に実現できると考えます。

第1部　グローバル人材の育成

第10章

グローバル人材育成教育をどのように実施するか
－教育内容との関連付け－

１．学習指導要領に記述された教育内容と関連付け

　それでは、各教科の授業においてスキル修得のための教育活動を実施できるよう、学校が設定した到達目標を各教科の教育内容にどのように関連付けるのか、グローバル人材育成教育をどのように教育課程に位置付けるのか、具体的に考えてみましょう。

　具体的に考えるために、ここでは「グローバル人材に求められる資質能力」（図8－6、再掲）に示された資質能力項目をそのまま学校が設定した到達目標とします。

図8－6　グローバル人材に求められる資質能力　（再掲）

> 　　　　　　　　　　　　　　　　　‥‥小学校〜大学を通じて修得する知識とスキル
> （グローバル化社会で求められる基本的な資質能力）
>
> ① 　国際的に通用する専門的な知識と技能、英語で表現可能な一般的な教養
> ② 　論理的な思考力と表現力
> ③ 　互いに異質な言語環境での意思疎通（コミュニケーション）能力
> ④ 　文化的の多様性の受容し、尊重する能力及び態度
>
> （日本の人口減少と東アジア経済圏の発展の時代に求められる資質能力）
>
> ⑤ 　職業的自立、社会的自立をめざして、国内外を問わず、日系企業等・外国系企業等を問わず働く意思

104

第10章　グローバル人材育成教育をどのように実施するか

⑥　主体的に自己向上、特に社会生活、職業生活に必要な知識とスキルの向
　　上に取り組む態度とその向上方法等に関する知識とスキル
⑦　異なる環境や変化への柔軟性、適応性、（失敗を恐れない）積極性、精神
　　と身体の非脆弱性

（経済・社会活動におけるグループのリーダーとして求められる資質能力）

⑧　マネジメント能力
⑨　総合的見方と異分野の知識を統合して考える力
⑩　行動力や責任感、指導性

２．①国際的に通用する専門的な知識と技能、英語で表現可能な一般的な教養

まず①について考えます。

「国際的に通用する」レベルでの専門的な知識と技能は、大学でなければ修得できません。しかし、それほど高度でない専門的な知識と技能であれば高校で習得することができます。また、小学校と中学校では、それらの専門的な知識と技能の基盤となる基礎的な知識と技能を習得することができます。

高校で習得する専門的な知識と技能、小学校と中学校で習得する基礎的な知識と技能は、それぞれの学習指導要領に記述されている各教科（高校の場合は各教科・科目）の教育内容と考えられます。ですから、「国際的に通用する専門的な知識と技能」の基盤となる知識と技能を習得するための教育活動は、各教科の授業そのものとして教育課程に位置付けられます。

問題は、「英語で表現可能な一般的な教養」です。

一般的な教養そのものは高校までに習得する知識で十分と考えられます。しかし、それらの英語表現を知らなければ、知識そのものがないのと同じことになってしまいます。欧米やアジアの人を相手に話が弾んで、例えば、中国の歴史や文化、あるいは環境問題、あるいは中東情勢が話題となった時、

第1部　グローバル人材の育成

自分の好みや見解を伝えようとしても、中国の王朝名等の英語表現、元素や化合物の英語表現、国名や気候・風土の英語表現を知らなければ、会話は平板なものになってしまいます。

大学では専門用語の英語表現を学ぶ機会は多数ありますが、高校までに習得するような知識の英語表現を学ぶ機会は限られています。このため、中学校や高校では、各教科の教育内容の中の最も基本的で重要な知識の英語表現を当該教科の授業で提示し、簡単な説明を加えることなどが望まれます。その場合、英語表現を当該教科の発展的内容として教育内容に関連付けることで、授業で指導することが可能になります。

3．③互いに異質な言語環境での意思疎通（コミュニケーション）能力

次に、教科の教育内容に近いものとして、③について考えます。

ここで「互いに異質な言語環境」というのは、意思疎通を行おうとする複数の人間が普段使っている言語が同一ではない、日本語と英語、日本語と中国語とフランス語のように意思疎通をする人が普段話す言語が異なる状況を言います。

③の基盤となる国語に関する知識と技能、英語に関する初歩的、基礎的な知識と技能は、教科の「国語」と「英語」、小学校の高学年の領域「外国語活動」で習得することとされています。なお、次の学習指導要領改訂により、小学校の高学年の「外国語活動」が教科としての「英語」に変わり、小学校の中学年から「外国語活動」が始まる予定です（図10-1参照）。

また、「国語」と「英語」以外の授業でも、表現力など言語に関する能力を育成する指導が行われることになっています。学習指導要領の総則には、各教科の指導に当たって、児童生徒の言語に対する関心や理解を深め、言語能力の育成に必要な言語環境を整え、言語活動を充実する旨の記述があります（図10-2参照）。

このように③のスキルを英語と国語の教育内容と関連付け、その修得のための教育活動は英語や国語等の授業として教育課程に位置付けられるとも考えられます。

第10章　グローバル人材育成教育をどのように実施するか

図10-1　学習指導要領の改訂等に関する諮問理由中の英語関係部分（抄）

○グローバル化する社会の中で、言語や文化が異なる人々と主体的に協働…、
　外国語で躊躇せず意見を述べ他者と交流していくために必要な力…。特に、
　国際共通語である英語の能力…どのように考えるべきか
　・小学校から高等学校までを通じて達成を目指すべき教育目標を
　　　「英語を使って何ができるようになるか」という観点から、四技能に係
　　　る一貫した具体的な指標の形式で示す
　・小学校では、
　　　中学年から外国語活動を開始し音声に慣れ親しませ…
　　　高学年では、学習の系統性を持たせる観点から教科として行い、身近
　　　で簡単なことについて互いの考えや気持ちを伝え合う能力を養う
　・中学校では、
　　　授業は英語で行うことを基本‥身近な話題について互いの考えや気持
　　　ちを伝え合う能力を高める
　・高等学校では、
　　　幅広い話題について発表・討論・交渉などを行う能力を高める

　しかし、現在の学習指導要領には、諮問説明文（図10-1）中の「国際共
通語」などの表現がありません。また授業等で用いる単語が1200語程度に制
限され、言語活動の内容に関する説明文に「正しく○○する」という表現が
多く使われています。

　実際のコミュニケーション－日本人と中国人、日本人と韓国人など英語を
母語としない人々の間も含めた、互いに異質な言語環境での英語によるコ
ミュニケーションにおいては、多種多様な単語や表現が用いられ、発音も
様々で、自分が知らない単語も数多く話されます。その中で相手の発言の主
旨、ポイントを掴み、それに対して自分の意思や主張などを簡易、平明で
あっても的確に相手に伝えることが必要です。

　互いに異質な言語環境での意思疎通に関する基本的な能力や態度とコミュ
ニケーション手段としての英語に関する能力を修得させることを、教科「英

107

第1部　グローバル人材の育成

語」の目標に包含しうるのか、そのような能力を修得するための教育活動を
「英語」の授業と位置付けることができるのか、疑問に思われる点もありま
す。

　また、異質な言語環境でのコミュニケーション・スキルを教科「英語」の
目標に包含し、その育成指導を教育課程に位置付けても、「英語」の授業で
コミュニケーション・スキルを指導することには多くの課題があります。例
えば、多くの生徒にとって、英語は入学試験に備えて単語と文法と発音を覚
えるものと考えられています。

　英語は働いて生きていくために必要なコミュニケーション・ツールで、そ
の修得は生徒の生き方に関わることです。また、コミュニケーション・スキ
ルの修得を意図した指導を行うことによって単語や文法や発音の知識がより
確実に定着することが期待されます。それらのことについて、生徒を含めた
関係者に説明し、理解を得ることが必要です。

図10-2　学習指導要領の総則中の言語活動に関する記述

（中学校学習指導要領　第1章　総則）
第4　指導計画の作成等に当たって配慮すべき事項
　2(1)　各教科等の指導に当たっては‥とともに、言語に対する関心や理解を
　　　深め、言語に関する能力の育成を図る上で必要な言語環境を整え、生
　　　徒の言語活動を充実すること。

（高等学校学習指導要領　第1章　総則）
第5款　教育課程の編成・実施に当たって配慮すべき事項
　5　教育課程の実施等に当たって配慮すべき事項
　(1)　各教科・科目等の指導に当たっては、…とともに、言語に対する関心
　　　や理解を深め、言語に関する能力の育成を図る上で必要な言語環境を整
　　　え、生徒の言語活動を充実すること。

　小学校学習指導要領の記述は、上記の中学校学習指導要領の記述中の
「生徒」が「児童」となっているほかは同一

第10章　グローバル人材育成教育をどのように実施するか

４. ②論理的な思考力と表現力

　これから教科の教育内容には該当しないようなスキルを教育内容に関連付ける、スキル修得のための教育活動を教育課程に位置付けることについて考えます。始めに②について考えます。

　各教科などの授業では、基礎的な知識や技能の習得とともに、知識や技能を活用して課題を解決するために必要な思考力、判断力、表現力その他の能力の育成をめざして学習指導が行われます（学校教育法第30条第２項ほか）（図8−4参照）。このことを定めた学校教育法の規定は、算数・数学や国語などの授業だけでなく、音楽や図工・美術などを含めたすべての教科と「総合的な学習の時間」などでの学習指導に適用されます。

　また、学習指導要領の総則には、学校教育法の規定と同様の記述のほか

図10−3　論理的な思考力、表現力の修得に関連する学習指導要領の記述

（中学校学習指導要領　第１章　総則）
第１　教育課程編成の一般方針
　１　学校の教育活動を進めるに当たっては（基礎的・基本的な知識及び技能）
　　を活用して課題を解決するために必要な思考力、判断力、表現力その他の
　　能力をはぐくむ…に努めなければならない。
第４　指導計画の作成等に当たって配慮すべき事項
　２(1)　各教科等の指導‥思考力、判断力、表現力等を育む観点から、基礎的・
　　基本的な知識及び技能の活用を図る学習活動を重視

（中学校学習指導要領　第２章　各教科）
第１節　国語　第１　目標　‥‥思考力や想像力を養い
第２節　社会　｛公民的分野｝
　３　内容の取扱い習得した知識を活用して、社会的事象について考えたこと
　　を説明‥自分の意見をまとめ‥により、思考力、判断力、表現力等を養う

教科の目標、内容に係る論理的な思考力や表現力に関する記述は他にも多数
小学校学習指導要領、高等学校学習指導要領の記述もほぼ同じ

第1部　グローバル人材の育成

に、「各教科等の指導に当たっては、・・・思考力、判断力、表現力等をはぐくむ観点から基礎的・基本的な知識及び技能の活用を図る学習活動を重視する」との記述もあります（図10-3）。

　学校教育法の規定と学習指導要領の記述の中の「思考力」「表現力」は知識等を活用して課題を解決するためのものですから、当然、論理的に思考する能力、言語等を用いて論理的に表現する能力を中核とするものと考えられます。

　したがって②は学習指導要領レベルですべての教科・科目の教育内容と関連付けられていると考えられ、当然にスキル修得のための教育活動をすべての教科・科目の授業で行うことができます。

5．⑥主体的に自己向上、特に社会生活、職業生活に必要な知識とスキルの向上に取り組む態度とその向上方法等に関する知識とスキル

　次に⑥について考えます。

　自己向上の取り組みには様々なものが考えられます。まず、自己を見つめることが大切で、その上で生活習慣の改善、身体の鍛錬、他者との交流、集団生活、自然の愛護、美しいものに対する感動、規律の遵守、社会活動への参加、などによって自己を高めていくことができます。それらの基盤を形成するとともに、特に社会生活、職業生活に関連して、自己向上に直接つながる重要な取り組みが学習－生涯を通じた主体的な学び－です。

　また、学習そのものにも様々な取り組み方法があります。上司や先輩から教えてもらう、研修を受ける、知人・友人と意見や情報を交換する、本を読む、資料等をウェブ等で入手して調べる、新聞やニュースから情報を得る、大学院社会人向けコースや放送大学に入学する、専門学校や各種学校で学ぶ、講演会や展示会に参加する、博物館や公民館を訪ねる・・実に様々な方法があります。このように様々な方法が利用できるのは、社会人の学習活動が必要なこと、そして実際に盛んに行われていることを示しています。

　このような生涯を通じた主体的な学びについて、その必要性や方法について学校はどのように教えているのでしょうか。

第10章　グローバル人材育成教育をどのように実施するか

図10－4　主体的に知識とスキルの向上に取り組む態度形成とその方法修得に
　　　　関する学習指導要領の記述

（中学校学習指導要領　第１章　総則）
第１　　教育課程編成の一般方針
　１　　主体的に学習に取り組む態度を養い‥学習習慣が確立するよう配慮
第４　　指導計画の作成等に当たって配慮すべき事項
　２(5)　将来の生き方を考え行動する態度や能力を育成することができるよう
　　　　　…ガイダンスの機能の充実

小学校学習指導要領、高等学校学習指導要領の記述もほぼ同趣旨

（中学校学習指導要領　第２章　各教科）
国語　目的や意図に応じ、様々な本や文章などを読み‥能力を身に付けさせ
　　　る
社会　資料を選択し活用する学習活動を重視‥新聞、読み物，統計その他の
　　　資料に平素から親しみ、適切に活用‥資料の収集‥コンピュータや情
　　　報通信ネットワークなどを積極的に活用
数学　目的に応じて資料を収集し‥表やグラフに整理し‥傾向を読み取るこ
　　　とができるようにする‥統計その他の資料に親しませ、それらの活用
　　　の技能を高めるようにする
体育　運動‥を通して‥健康・安全を確保して，生涯にわたって運動に親し
　　　む態度を育てる

（中学校学習指導要領　第３章　道徳）
第２ 内容　自己を見つめ，自己の向上を図る

　学校は、生涯にわたり学習する基盤が培われるよう、各教科等における学
習指導を通じて、知識と技能の習得、思考力と判断力と表現力の育成ととも
に、主体的に学習に取り組む態度の涵養に努力することとされています（学
校教育法第30条第２項ほか）（図8－4参照）。
　また、学習の方法に関する知識とスキルの修得については、学習指導要領

第1部　グローバル人材の育成

の各教科の教育内容等に、「必要に応じて本を読む能力を身に付けさせる」
（国語）、「統計その他の資料に平素から親しみ適切に活用する」（社会）など
の記述があります（図10−4参照）。ただ、その多くは当該教科の教育内容に
関する学習を円滑に進める等の観点からの記述となっています。

　そうであっても、⑥のうち、学習を通じて社会生活、職業生活に必要な知
識とスキルの向上に取り組む態度を始めとして主体的に自己向上に取り組む
態度は、道徳の時間にその心性の基盤を形成することを含めて、学習指導要
領レベルで各教科の教育内容と関連付けられていると考えられます。

　学習の方法など自己向上に取り組む方法に関する知識とスキルについて
は、教育内容又は教育内容の取扱上の留意事項とされている情報収集や資料
の利用などの知識や技能に関連付け、それらをより一般的な学習の方法に関
する知識とスキルとして指導することができます。また課題探求型の学習活
動、体験型の学習活動を通じてより多様な学習の方法に関する知識とスキル
を指導することも考えられます。

6．⑤職業的自立、社会的自立をめざして、国内外を問わず、日系企業等・外国系企業等を問わず働く意思

　⑤は、第6章で説明した就業力のうちの職業に就いて自立する意思に相当
するものです。

　職業に就いて自立する意思は、個人が働くことの社会的意義の理解、それ
に基づく勤労観と職業観の確立、それに基づく社会的に自立する意欲の高ま
りなどから形成されます。

　近年、これらの理解、価値観の確立、意欲の高まりなどが不十分な児童生
徒が多く見られ、就職後早期に離職してそのまま無業者になるなどの問題状
況が生じています。このため、平成11年の中央教育審議会答申「初等中等教
育と高等教育との接続の改善」に、「学校教育と職業生活との接続」という
章が設けられ、学校教育と職業生活の接続の改善のための具体的方策が提言
されました。

　これを受けて、大学ではインターンシップや初年次からのキャリア・ガイ

第10章　グローバル人材育成教育をどのように実施するか

ダンスなどキャリア教育の取り組みが活発になりました。文部科学省も制度を整備し、補助金を設けて大学の取り組みを支援しています。

　ところが、初等中等教育での取り組みが不十分なことなどから中央教育審議会に特別部会が設けられ、平成23年に答申「今後の学校におけるキャリア教育・職業教育の在り方」が提出されました。答申においては、初等中等教育での取り組みが十分でないことの要因として、キャリア教育の各教科の教育内容との関連付け、教育課程への位置付けが不十分で、そのため体系的、計画的な取り組みが行われず、教員配置や教員養成の面でもキャリア教育に十分な配慮が行われていないと指摘しています。しかし、答申ではキャリア教育の教育課程への位置付けについて制度整備に関わる具体的な提言はなく、高校が特設科目として「産業社会と人間」を開設すること、「総合的な学習の時間」を活用することなど現在の制度の下での工夫、活用の提案にとどまっています。

　「グローバル人材に求められる資質能力」に示された「職業的自立、社会的自立をめざして、国内外を問わず、日系企業等・外国系企業等を問わず働く意思」の形成には、一般的な職業に就いて自立する意思の形成以上に、社会や経済の状況に関する理解と柔軟でタフな精神と一定の海外在住経験が必要です。

　グローバル化が進展し、日本の人口が減少していくという状況の下で、日本の企業はその存続、発展を賭けて東アジア地域など海外事業を拡大していくことなどの理解が必要です。また、国境を越えて市場が一体化し、外国企業も日本や東アジアへの事業展開を進める状況を踏まえ、地域統括拠点など国際的中枢拠点機能の集積が国民生活の安定と向上に重要との理解が必要です。日本とは異なる社会や発展途上地域での勤務には、日本で想像できないような辛い状況が生じるかもしれません。そのようなハードシップをも予測しながら、なお任地や企業国籍を問わずに職業に就いて自立しようという意思を固めるためには、柔軟でタフな精神と一定の海外在住経験が必要です。

　そのようなことを勘案すると、⑤は大学でこそ形成されるものと考えられます。

113

第1部　グローバル人材の育成

図10−5　職業に就いて自立する意思（図6−6に若干の説明を加えて再掲）

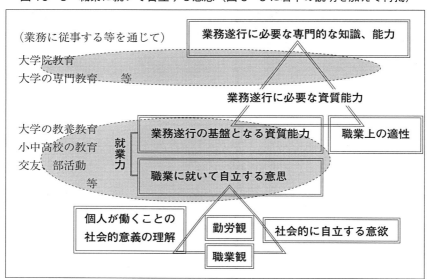

　高校までの段階では、各教科の授業などを通じて、グローバル化が進む社会や経済の状況についての理解を深める、部活動などを含めた学校の教育活動全体を通じて柔軟でタフな精神の涵養を図る、海外留学に必要な英語力を育成する、海外を訪れる機会を設けるなどが求められます。このようなことであれば、各教科の教育内容との関連付けも容易ですし、⑤を形成する準備活動を教育課程に位置付けて実施することも十分可能です。

7．④、⑦、⑨及び⑩の資質能力項目

　それでは①～③、⑤、⑥以外の知識やスキルは、各教科の教育内容とどのように関連付け、それらのスキルを修得するための教育活動を教育課程に位置付けることができるでしょうか。

　⑧「マネジメント能力」以外の知識やスキルについては、教育内容との関連付けや教育課程への位置付けにさほどの困難はないと思われます。

　④「文化的多様性の受容し、尊重する能力及び態度」と⑩「行動力や責任

114

感、指導性」は、道徳に相応する指導事項がありますし、国語の教材の中でも特別活動でも数多く扱われているテーマと思われます。

　また、⑨「総合的見方と異分野の知識を統合して考える力」は「総合的な学習の時間」の目標そのものですし、社会や理科など各教科の内容の取扱いの留意事項にも関連する記述が数多くあります。討議やグループ単位での話し合い等を採り入れる授業形態や指導方法によって、あるいは課題に対してグループで報告を作成させるような授業形態や指導方法によって、どの教科の教育内容とも関連付けることが可能で、どの教科の授業でも⑨を修得する教育活動を実施できます。

　さらに、⑦については部活動など教育課程外の教育活動でも、国語の教材の中でも、特別活動でも数多く扱われているテーマと思われます。また、体育や美術、音楽の授業を通じてスポーツや芸術に親しむ習慣を形成することは柔軟で適応力ある、しかも安定した精神の発達、形成に大いに寄与するものと思われます。

8．⑧マネジメント能力

　⑧マネジメント能力は、マネジメント自体が複雑で多義的な概念なので、マネジメントをどのように捉え、どのような資質能力を学校教育によって修得させるのか、明確にしておく必要があります。

　ピーター・ドラッカーの「マネジメント－務め、責任、実践－」によれば、マネジメントの基本的な三つの務めの第一は「組織の具体的な目的と使命を果たすこと」とされていて、マネジメントの本質は組織を管理することにあります。また、マネジメントの重要な要素に、目標を設定して、その実現に向けて計画の策定、資源の確保とその適切な配分、必要な活動の手配などを行い、それらが実際にどう行われたか結果を確認し、必要に応じて、目標や計画を変更するなどの目標計画管理があり、そのほか人事管理や資金管理、さらにスケジュール管理などもあります。

　人的な組織の管理を学校教育で扱うのは難しいと思われます。最近は、大学で大学院学生に起業についての指導を行うのが世界的な流行ですが、それ

第1部　グローバル人材の育成

でも人的な組織の管理を指導することは少ないように思われます。

　ですから、高校までの段階では、目標計画管理、スケジュール管理に関する基礎的な知識とスキルを修得させることで十分と考えます。

　目標計画管理、スケジュール管理に関する基礎的な知識やスキルを各教科の特定の教育内容と関連付けるのは容易ではありません。しかし、各教科の授業を通じて与えられた課題に対して一定の期間内にレポートを作成する、一定期間内に実験、観察等を実施して一定の結論を得る、あるいは教科の発展的学習としてセミナーやシンポジウムを企画し実施する、特別活動としてイベントを企画し実施する、などによってスキル修得のための教育活動を教育課程に位置付けることは可能と考えられます。

9. 教育内容との関連付けのマジック・ボックスー「その他の能力」

　学校教育法第30条第2項により、学校は、各教科の授業などの学習指導において、知識や技能の修得と同程度に、知識や技能を活用して課題を解決するために必要な表現力、判断力、思考力その他の能力の育成をめざすこととされています。

　それでは「その他の能力」とは、いったい、どのような能力のことなのでしょうか。規定の文言からだけではわかりません。しかし、たとえ「その他」であっても、第30条第2項の規定中の「その他の能力」に該当すれば、学校は各教科の授業などでその能力を育成するための指導をしなければならなくなるのですから、ある能力がこの規定の「その他の能力」に該当するかしないかは重大です。

　もし、文部科学省幹部職員や教育行政学者が、あるいは教育委員会の指導主事や学校の校長が、ある能力が「その他の能力」に該当すると考えて、「学習指導の中に取り入れよう」と提案したり、指示を出したりするためには、「その他の能力」に該当すると解釈するための相当程度の合理性が必要です。

　一方、グローバル人材の育成は国の教育行政の主要課題として取り組んでいる課題です。もし、グローバル人材に求められる能力として多くの関係者

第10章　グローバル人材育成教育をどのように実施するか

が共通に認め、しかもその能力が「基礎的な知識や技能を活用して課題を解決するために必要」というような性質の能力であって、思考力、判断力、表現力に該当しないのであれば、学校教育法の「その他の能力」に含まれると解釈することに十分な合理性があると考えられます。

　今後、グローバル人材育成教育が広く行われるようになって、あるスキルを修得するための指導が不可欠と認識されながら、教育課程への位置付けが円滑に行われないようなことがあれば、学校教育法第30条第2項の解釈を変更することもあると思われます。

10　教育内容との関連付けのマジック・ボックス—教育課程特例校

　教育上、特別な必要がある場合には、文部科学大臣の個別の承認を得て、各教科と領域の構成や授業時数を含めて、学校教育法施行規則に定める教育課程の基準に拠らずに、特別な教育課程を編成して、それに基づいて教育活動を実施できるという仕組みがあります（学校教育法施行規則第55条の2）。文部科学大臣の承認を申請するのは学校の設置者です。

　その要件は簡単ではありません。一つは学校あるいは地域の特色を生かした特別の教育課程を編成して教育を実施する特別の必要があることです。

　もう一つは、特別な教育課程によって教育活動を実施する場合にも、学校教育法施行規則に定められた基準と学習指導要領に記述された内容に基づく教育が実質的に行われることです。その場合でも児童生徒の負担が大きくなってはいけません。

　実際にはどうするかというと、学校教育法施行規則に定められた教科、領域を組み替えて新しい教科、領域を設けます。そして新しい教科、領域では、児童生徒の負担が大きくならないように、学習指導要領に記述された教育内容に加えて別の教育内容を追加することもできます。

　このように説明すると、非常に例外的なもののように受け取られるかもしれません。文部科学大臣による個別の承認が必要と聞いただけで、大半の学校には関係ないことと思われるかもしれません。ところが実際には、平成27年4月の時点で、2,960の学校（小学校、中学校、高校等、国公私立）が教

117

第1部　グローバル人材の育成

育課程特例校の指定を受けています。小学校の低、中学年の英語教育（教科「英語」又は「外国語活動」）だけでも、2,178校が指定を受けています。

　全国の小学校から高校までの学校数は4万校弱ですから、5％以上の学校が指定を受けていることになります。

　指定内容をみると、例えば、中学校で「国語」、「社会」、「理科」、「外国語」と「総合的な学習の時間」の一部を組み替えて「ことば科」を設ける（広島県）、中等教育学校の4〜6学年で「世界史A」、「数学B」、「地学基礎」などについて英語による指導を行う（東京学芸大学附属校）など、グローバル人材育成教育に関連する内容も多く実施されています。

　グローバル人材育成教育を効果的に行うためには、教育課程特例校の指定を受けることも有力な選択肢かもしれません。検討する価値は十分あると思われます。

第11章　グローバル人材育成教育をどのように実施するか

第11章
グローバル人材育成教育をどのように実施するか
－授業形態と指導方法－

1．グローバル人材育成教育にはそれに相応しい授業形態と指導方法の導入・開発が必要

　グローバル人材には国際的に通用する専門知識も必要ですが、それ以上に様々なスキルが求められます。OECD が選定したキー・コンピテンシー（図8－3）でも、米国連邦教育省が提案した21世紀スキル（図8－5）でも、スキルが重視されています。日本の企業に対する訪問調査結果を踏まえて筆者が提案する「グローバル人材に求められる資質能力」（図8－6）でも同様です。

　したがって、学校がグローバル人材育成教育を進めるために教育上の目標を設定すれば、それが児童生徒の到達目標として設定されても、あるいは学校の指導育成目標として設定されても、目標のうちの多くの項目は、知識の習得ではなく、スキルの修得あるいは能力と態度の形成となると思われます。

　学校で到達目標として設定されたスキルを、各教科の授業を通じて、児童生徒に修得させるためには、それに相応しい授業形態と指導方法が必要です。これまでの黒板と教科書による一斉授業だけでは困難です。

　このように記述すると、読者の中には、「どうして黒板と教科書による一斉授業だけではだめなのか」と疑問に思う人がいるかもしれません。これに対しては「そのことを裏付ける研究成果が認知科学などによって示されているし、多くの先進諸国が、スキル修得のための指導にはそれに相応しい授業

119

第1部　グローバル人材の育成

形態と指導方法の導入、開発が必要という認識を明らかにしながら、新たな学習形態と指導方法の導入を進めているから」と答えることができます。

しかし、「それでは、これまでに開発され、導入されてきた授業形態と指導方法の中で、どれがスキル指導に相応しいのか？」、「これから新たに開発が望まれる授業形態と指導方法としてはどのようなものが考えられるか？」と質問されると、残念ながら、現時点ではこれらに対して的確に答えることはできません。

それでも、筆者が知る限りにおいて、スキル修得のための指導に相応しい授業形態、指導方法として、知識構成型ジグソー法と IB プログラムを以下に紹介します。また、スキル指導において留意しなければならないこととして経済的・職業生活的リアリティを伴う授業等について説明します。

なお、知識構成型ジグソー法と IB プログラムの詳細については、この本の第2部、第3部において詳しく解説されていますので、そちらもご覧ください。

2. 外国では授業形態と指導方法の研究開発が活発に進められている

ヨーロッパでは、欧州委員会 EC（欧州連合 EU の政策執行機関）が主導して、ICT を用いた新たな学習形態が提案されています。

例えば、ICT を用いて児童生徒による学校内外の学習と到達の状況を教員が一体的に把握し、学校の授業では児童生徒の到達状況に応じて個別指導を行います。また、欧州委員会の下の政策研究機関、将来技術研究所 Institute for Prospective Technological Studies；IPTS の情報社会部門は、学習を「知識や情報を使いあるいは生み出す活動」と定義して、グループ学習と個別学習の組み合わせと ICT の利用により、「知識や情報を使い、生み出す」新しい方法・形態を創り出し、これまでの授業に置き換えようとしています。

シンガポールでは、政府が主導して、ICT を学校教育に導入する ICT Masterplan が策定され、2009年からの第三期計画では、スキル修得のための ICT の活用が重視され、欧州と同様に、グループ学習と個別学習を導入

した新たな授業形態や指導方法が試みられています。また、韓国では、2007年から一部の学校でデジタル教科書が導入され、児童生徒の学習スキルや問題解決スキルを高めようとしています。

アメリカやオーストラリアでは州や地域や学校レベルで、スキルを指導するための、ICT を用いた、あるいは協調学習をベースとする新たな授業形態や指導方法が開発・試行されています。

筆者は、これまで、多くの教育関連の国立研究機関を訪問し、教育政策担当者や研究者による国際会合に参加し、あるいはシンガポールに関する調査研究を通じて、外国で政府主導により研究開発が進んでいる様子を目の当たりにしてきました。

これら政府やその機関による開発研究や試行とは別に、認知科学分野などの研究者からもスキル指導に相応しい授業形態や指導方法と評価に関する学説の発表や教育政策に対する提案がなされています。

3. 授業形態と指導方法の研究開発に遅れた日本

これに対して日本では状況が異なります。

教育行政における国と地方公共団体と学校の役割分担の在り方などから、文部科学省は教育課程基準の改善や学校での適切な教育課程編成等の課題には熱心に取り組んできました。しかし、授業形態や指導方法などについては学校現場の裁量や工夫に委ねるべきと考えていて、研究指定校や研究開発学校などの実践的研究のほかは、あまり熱心に取り組んできませんでした。研究指定校や研究開発学校についても、生徒指導などに関するものは別にして、政策形成上の必要から学校に特定の課題に関する実践研究を計画的に要請するようなことはほとんどありませんでした。

国立教育政策研究所は研究指定校などの実践的研究に対して支援してきました。しかし、それらの成果は個別の優れた実践例として教育委員会と学校に対して情報提供されても、スキル指導に相応しい授業形態や指導方法として一般化され、政策に反映されるには至りませんでした。

また、国立大学の教員養成系学部をはじめとする大学の教育学部において

第1部　グローバル人材の育成

は、授業形態や指導方法等に関する研究は極めて低調です。

　それでも平成13年に文部省と科学技術庁が統合して文部科学省となり、科学技術人材養成政策の一環としてスーパー・サイエンス・スクール SSH 事業が始まり、成果をあげたことから、これに倣って、スーパー・イングリッシュ・ランゲージ・ハイスクール SELHi 事業、SGH 事業などが実施されるようになりました。

　また、研究開発学校においても、政策形成上の必要を踏まえた課題に関する実践研究が活発に行われるようになりました。例えば、スキルの指導については、新潟大学附属小学校及び附属中学校で「学習スキルの時間」という領域を特別に設けて「学習スキル、技能スキル、思考スキル」の指導に関する実践研究が行われました。また、広島県立広島中学校では、「ことば科」という教科を特別に設けて「論理」と「ロジカル・コミュニケーション」の指導に関する実践研究が行われました。

　しかしながら、シンガポールや欧州のように、指定された少数の学校で実践研究が成果をあげると、すぐにその実践研究の規模が拡大し、さらにその成果を踏まえて実践研究の規模が拡大するというスケール・アップの仕組みが日本にはありません。このため政策研究上の要請に応える実践研究が行われても、その実践の輪が広がらず、それゆえに政策に反映されないという状況が続いています。

4．大学発教育支援コンソーシアムと知識構成型ジグソー法

　このような状況を打開するため、平成20年に東京大学、お茶の水女子大学、名古屋大学、京都大学、早稲田大学などにより、大学発教育支援コンソーシアムが結成されました。その目的は、認知科学など大学における教育に関連する研究の成果と自然科学分野などの研究資源を活かして、小中学校、高校等の教員に、新しい知識や教育方法を発信し、産業界などとの連携により、学校教育と教員研修の質を高めようとするものです。

　コンソーシアム結成後、加盟大学によるそれぞれの特色を活かした活動が始まりました。例えば、お茶の水女子大学のサイエンス＆エデュケーション

センターでは、千葉和義先生を中心に、理科の実験、実技に関する指導、支援、研修等を行っています。

コンソーシアムのとりまとめを担当する東京大学には、大学発教育支援コンソーシアム推進機構（CoREF）が設けられ、三宅なほみ先生が副機構長に着任しました。三宅先生は協調学習をベースとした知識構成型ジグソー法という新しい授業形態を開発し、広く教育委員会と学校の関係者に知識構成型ジグソー法の導入を提案しました。埼玉県教育委員会など多くの教育委員会、学校、教員が提案に賛同し、日本産学フォーラムなどの支援も得て、小学校から高校までの様々な教科にわたって幅広い実践が行われてきました。

こうした実践と並行して、知識構成型ジグソー法をより洗練するための理論研究も進展しました。大阪大学の石黒浩先生等との共同研究で、児童生徒の協調学習の場にロボットを登場させて児童生徒の認知過程に関する研究を深めるとともに、学級内の児童生徒の行動や発話を映像や音声ですべて記録し、ビッグデータ処理・分析を行って授業効果や児童生徒の学習成果を評価する方法の開発も進みました。

また、学校、教員サイドの取り組みも広がっています。知識構成型ジグソー法による授業や実践研究・研修に参加した教員の間で、指導計画や教材の開発と共有が進み、教科や学年、学習単元の別に応じた授業計画や教材が整備されてきています。

大変残念ながら三宅先生は平成27年5月に亡くなられましたが、これらの取り組みを経て、知識構成型ジグソー法は、日本の学校で一般に用いることのできるスキル指導に相応しい授業形態として、現在、最も有力なものの一つと考えられます。

5．知識構成型ジグソー法の基本原理－建設的相互作用と協調学習－

知識構成型ジグソー法の詳しい内容や実際の授業例、導入に際しての留意点、必要な準備等については、第2部の解説を読んでいただくとして、ここでは知識構成型ジグソー法の基本原理と授業展開のアウトラインだけを簡潔に説明します。

第1部　グローバル人材の育成

図11−1

> ### 建設的相互作用
> ●二人で考えたり問題を解いたりすると、
> ・自分の考えを見直すチャンスが増え
> ・相手の解を「少しだけ広い視野」から見直して
> ●各自が自分の考えを作り直し、その繰り返しによってより深い理解
> （後で新しい問題に応用可能な理解）が生み出される
> ●同じ考えに収斂するわけではない

（出典）　平成23年6月3日三宅なほみ・徳永保基調講演・座談会資料（「21世紀の学びを
　　　　実現するために」Japan Innovative Education Forum 2011）

（建設的相互作用）

　知識構成型ジグソー法は、「建設的相互作用」という概念を基本原理として、児童生徒の建設的相互作用を活かし、それが十分に機能するように授業を設計するものです。

　建設的相互作用とは図11−1に示すような概念です。

　課題に対して、人はそれまでの経験に知識を適用して自分なりの解答、提案等を導き出しますが、他の人に説明し、他の人の説明を聞くことを通じて、知識の適用範囲を自ら広げてより質の高い解に到達することができます。

　例えば、考えを説明しても、多くの場合、すぐにはわかってもらえず、相手がわかるように説明の仕方や内容を変えたりします。それは自分の考えを見直し、作り直すことです。

　あるいは他の人の説明を聞いて、それは自分も考えていたと思ったり、それが自分の言いたかったことだけれど自分の言い方とは少し違うなと思ったりします。それは自分の考えと他者の考えを統合するような俯瞰的な視点から自分の考えを作り直すことです。

（協調学習）

　教室内で建設的相互作用を意図的に生じさせる仕組みが協調学習です。ここが協調学習といわゆるグループ学習が異なるところです。単にグループで

話し合う、児童生徒が自由にテーマを選んで調べたことを発表し合うだけでは、自分の考えと他の人の考えを統合して自分の考えを深め、自分なりに納得するという建設的相互作用に至ることにはなりません。

協調学習には「教える」から「学ぶ」への学習指導スタンスの転換と教授者中心から学習者中心への授業観の転換が必要です。協調学習は学習者間の建設的相互作用を実現させるものですから、学習者にはまず自分の考えを持つことが要求されます。

また、課題設定や状況設定にも工夫が必要です。学習者が考えを話して相手にわかるように変えていき、さらに他者の説明も取り入れて自分なりの解を作り上げていくことができるよう、異なる意見、異なる視点からの考えを統合していくと自分なりに総合的、抽象度の高い一般的な解が比較的容易に見出しうるような課題を設定し、また他者に対して自分の考えを説明したい、説明したいことがあるという状況を作り出す必要があります。

（知識構成型ジグソー法による授業展開）

知識構成型ジグソー法による授業では、授業テーマに応じて課題とその解（解答、提案等）に至る３つ程度の異なる視点、アプローチ、要素などを設定します。

まず、３つの視点等のうちの１つの視点等から学習・討議をするグループを編成し（各３人程度）、グループで学習・討議します＜エキスパート活動＞。次に、３つの異なる視点等から学習・討議した児童生徒が集まるようにグループを組み替え（各３人程度）、グループで学習・討議を行います＜ジグソー活動＞。その後、クラス全体で各グループの学習・討議内容を発表し、意見交換します＜クロストーク活動＞。

各グループにおける学習・討議では、課題に対して児童生徒一人ひとりが、他の児童生徒の建設的相互作用を通じて、他の児童生徒の解とは異なっていても、自分なりに納得する解を構築するように指導します。また、クロストーク活動ではグループ内の学習・討議の状況と自分なりの表現で解をそれぞれ示すことを求め、グループとしてまとめた意見と異なる意見を持っている児童生徒の発言も許容します（図11－2参照）。

第1部　グローバル人材の育成

図11−2

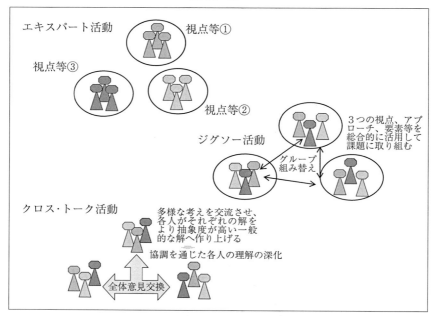

（出典）　平成23年9月9日東京大学・大学発教育支援コンソーシアム推進機構の配布資料（「教室で協調学習を実現する」平成23年度全国教育研究所連盟カリキュラム研究協議会埼玉県大会）から

6．IBとIBプログラム

　平成23年春、民主党内閣の下でグローバル人材育成推進会議が設置され、その中間報告で「国際バカロレア資格を取得可能（な、又はこれに）準じた教育を行う学校（＝高校）を5年以内に200校程度へ増加させる」ことが政府の方針として示されました。

　この方針は自由民主党内閣の下でも踏襲され、日本再興戦略（平成25年6月閣議決定）（図1−1）に「グローバル化に対応した教育を牽引する学校群の形成」としてSGHの創設とともに「一部日本語による国際バカロレアの教育プログラムの開発・導入等を通じ、国際バカロレア認定校等の大幅な増

第11章　グローバル人材育成教育をどのように実施するか

加を目指す（2018 年までに200 校）」ことが定められました。このことから、国際バカロレア資格 International Baccalaureate（以下「IB」）がにわかに注目を集めました。

　IB は外交官子女等を対象とする国際学校卒業者に各国の大学入学資格を付与する仕組みとして昭和45年（1970）に始まりました。実施主体は国際バカロレア機構 IBO（スイスの財団法人）で、運営経費は各国政府からの分担金等によって賄われています。日本は昭和54年（1979）に IB 取得者に大学入学資格を認め、以後、分担金を拠出しています。

　IBO が認定した学校の教育プログラム（教育課程とそれを構成する教育活動の全体）の構成、内容、到達目標等は IBO が定めています。IB プログラムには、PYP（３〜12歳）、MYP（11〜16歳、５年間）、DP（16〜19歳、２年間）等があります。DP では課程修了時に試験を行い、合格者に大学入学資格が付与されます。試験は、学校出題分を除いて、IBO が出題、採点します。英語で書かれた答案が世界各地からスイスに送られ、一括して採点されるので、評価は極めて厳格なものとなります。

　その発足経緯等から、IB の教育理念は、異文化の理解と尊重など、グローバル化社会の到来を先取りしていました。また、オックスフォード大学の教授で初代事務局長を兼任したアレック・ピーターソン氏が知識獲得より分析や口頭表現などのスキル獲得を重視していたことから、学習指導の理念やスタイルもその後の国際的な潮流を先取りするものでした。

　その後、多くの国で IB プログラムは優れた学校教育の在り方として認められ、米国などでは政府が自国の学校教育の改善のために IB プログラムの導入を奨励しました。このようなことから IB 認定校も大きく増加しました。

　現在では、IB プログラムはグローバル人材育成教育に最も相応しい学習指導スタイルの一つと考えられています。IB プログラム導入と IB 認定校の拡大が政府方針となったのもそのためです。スキルを指導するのに相応しい授業形態と指導方法として IB プログラムが大いに参考となります。

127

第1部　グローバル人材の育成

7．IBプログラムの学習指導の特徴と実例－児童生徒の主体的、自律的な学び－

　IBプログラムの目標や教育課程、学習指導などについては第3部で詳しく解説されているので、そちらを読んでいただくこととして、ここでは、その概要だけを簡潔に説明します。

　IBプログラムの使命や目標についてはIBOウェブサイトにある「IB教育とは何か」に詳しく記されています。しかし、K．インターナショナルスクールKIST（東京都江東区）の小牧孝子先生の解説の方がわかりやすいので、そちらを紹介します。すなわち、IBプログラムは「国際化する世界で生活し、学び、働くために必要な知的、個人的、情緒的、社会的スキルの育成を手助け」することを目標として設定され、児童生徒は「知識やスキルが実社会でどのように使われるのか、・・体験し、・・理解を深めていきます」。このようにIBプログラムでは、知識修得とともに、スキル修得が重視されています。

　実際の学習指導では、報告や作品等を作成するのに一定の日数（数日～数週間～数ヶ月）を要する課題を与え、児童生徒が主体的、自律的に行動計画やスケジュールを設定し、資料収集などの準備を進め、報告や作品等を作成し、発表するなどのスタイルが採られています。それらは特定の教科の授業や教育活動において行われているのではなく、各教科の授業や教育活動に共通する基本スタイルとなっています。

　その一例として、筆者がKISTを視察した際に感銘を受けたノートのことを紹介します。

（美術教室のノート）

　KISTを訪れ、美術教室に入ると生徒のノートが置かれていました。教室にいた担当教員の了承を得てノートを見ると、ノートにはイラストも描かれていましたが、文章がビッシリと書き込んであり、また様々な資料などが添付されていました。担当教員からの説明では、各回の授業に合わせて、生徒が書いたり描いたり、添付したりしたもので、概ね次のような内容でした。

128

第11章　グローバル人材育成教育をどのように実施するか

① 数ヶ月後の作品提出に向けて、どのような作品を制作するかについての
　考え
② なぜそのように考えたのか、経緯、動機、理由、意気込みなどと関連資
　料
③ 制作に際して参考としたい芸術家と作品、その選定理由と参考ポイント
　と関連資料
④ 参考としたい作品から実際に何を感じ、何を学び、何を得たのかなどと
　関連資料
⑤ 制作しようとする作品のコンセプトと関連資料
⑥ 制作に必要な準備の内容と準備や制作のスケジュールと関連資料
⑦ 準備作業の内容や達成状況等
⑧ 制作の進行状況
⑨ 作品と制作結果に関する評価、反省等

　ノートの内容でわかるように、芸術の授業では、作品を制作するだけでな
く、制作動機や参考作品等に関する数ページにも及ぶ長文のレポートをまと
めさせ、自身の思考や感性をメタ認知し、それらを客観的に叙述、発表させ
ています。このようにして、論理的な思考力や表現力、コミュニケーション
能力を養うとともに、必要な参考資料を収集させることなどを通じて情報処
理能力や計画性などを培っています。芸術の授業におけるこれらのスキルの
育成は、結果的なものでなく、教員が意図したものです。
（「個人と社会」の修了試験）

　もう一つの例として、KISTのDP修了時の試験課題を紹介します。

　KISTでは、数年前のDP修了時の試験において、「個人と社会」の「ビ
ジネス・マネジメント分野」の学校出題分の課題として「一つの企業を分析
して、問題点を探り、改善策を提案する」ことを課しました。

　生徒は、まず、自分の判断で企業を選択します。次に、当該企業の財務諸
表（決算時に作成する貸借対照表や損益計算書など）を分析するとともに、
当該企業と取引企業の関係者や顧客からの聴き取り調査などを行うことが求
められます。そして、それらを踏まえて当該企業の問題点と改善策を取りま

129

第1部 グローバル人材の育成

とめてレポートを作成し、当該企業の担当者に説明することになります。

　学校の授業では財務諸表の見方、読み方を教えていません。課題を達成するために、生徒は自ら財務諸表の見方、読み方を習得します。また、当該企業や取引企業の関係者や顧客から聴き取り調査を行うため、それぞれアポイントをとって訪問します。そうして作成したレポートの中には、企業関係者から見ても優れたものがあり、生徒から報告書を購入した企業もあったほどです。

　このような調査とレポート作成は、日本では一般に、大学院での教育や学部での卒業研究と考えられているので、高校レベルの修了試験と聞くと驚くほかはありません。いや、大学生や大学院生は文書や書類の調査、分析はできても、企業関係者にアポイントをとって聴き取り調査を行ったり報告書を説明したりすることは不得手かもしれません。

　この事例からだけでも、スキルの修得、特にグローバル人材に必要な資質能力として列挙した②論理的な思考力と表現力、③コミュニケーション能力、⑧マネジメント能力、⑨総合的見方と異分野の知識を統合して考える力、⑩行動力や責任感の育成には、IB プログラムあるいは IB プログラムに倣ったスタイルの学習指導が有効と考えられます。

8．教育内容とスキルと授業形態・指導方法の組み合わせ

　これまで、スキル修得のための指導に相応しい授業形態・指導方法として、知識構成型ジグソー法と IB プログラムについて説明してきました。

　しかし、グローバル人材育成をめざして行われる教育活動、特に教育内容と関連付けた各教科の授業のすべてを知識構成型ジグソー法や IB プログラムに倣ったスタイルで行う必要はありません。一斉授業が効果的なケースやドリルや書写が必要な場合もあります。また、EU やシンガポールの実践を踏まえて、日本でも ICT 機器を用いて児童生徒の学校内外での学習状況と到達状況を把握し、教室の中でそれらに応じて個別に課題を示し個別に指導するような授業の導入が進むと予想されます。

　第9章では、学校がグローバル人材育成教育を進めるために設定した到達

第11章　グローバル人材育成教育をどのように実施するか

目標に定めたスキルと学習指導要領に示された各教科の教育内容が、関連を
持って効果的に指導されるよう、どのようにスキルと教育内容を関連付ける
かについて解説しました。そして最終節で各教科の指導単元ごとに、当該単
元における教育内容（知識と技能）とこれに関連する特定のスキルを組み合
わせて年間指導計画を作成する、あるいはスキルに関する年間指導計画にお
いて各教科の指導単元ごとの教育内容に対応する特定のスキルの指導を設定
し、授業計画においてそれらを一体的に実施することをお奨めすると説明し
ました。

　ここでは、それに加えて授業形態・指導方法を組み合わせることをお奨め
します。つまり、特定の教育内容に関連する特定のスキルを組み合わせ、さ
らにそれらに相応しい特定の授業形態、指導方法を組み合わせるのです。

　学習指導が、知識であれスキルであれ、教員から児童生徒への情報等の伝
達とフォームやパターンの提示とそれらを実践することの働きかけであれ
ば、授業形態や指導方法は、伝達、提示、働きかけの技術的な形式・形態な
ので、本質的な意味を持ちません。知識であれスキルであれ、何を教えるか
が問題なのです。そうであれば、教育課程と指導計画は、教える内容－知識
とスキル－から構成されることが適当です。

　しかし、欧州委員会の政策研究機関 IRTS が提唱するように、学習を「知
識や情報を使い／生み出す活動」と考え、学習指導を「学習を意図的に生じ
させるもの」とすれば、「どのような情報を使い／生み出すか」以上に、「ど
のように情報を使い／生み出すか」が重要となります。

　そこまで学習概念を飛躍させることに疑問を持つ人、あるいは「何を言っ
ているのかよくわからない」と思う人も多いと思います。そこで、例えば、
学習を「児童生徒が提示された情報やモデルを主体的に取り入れて、関連す
る認識、技能、思考を深め、行動様式を広げ、主体的にそれらを表出し、表
出したことに対する反応を踏まえてさらに認識、技能、思考、行動様式を発
展させること」と考えてみましょう。学習指導は一連の深化、表出、発展等
を意図的に生じさせるものと考えられます。その場合、提示された情報やモ
デルの種類や内容と、発展する認識、技能、思考、行動様式の種類と内容は

131

第1部　グローバル人材の育成

必ずしも一致しません。

　予定された知識の獲得や概念の理解に達していなくても、考えをまとめて発表したことを教員に褒められ他の生徒から賞賛されれば、考えをまとめて発表するという意図されたスキルが身につくとともに、教員やクラスメイトを信頼するという予定外の人間関係形成スキルが発展するかもしれません。そして、発表までの思考や、発表に対する反応への関心、自分の発表に対する反応や他の生徒の発表を踏まえた自身の発表のメタ認知などを通じて、予定された知識が獲得され、概念が理解されるかもしれません。

　そうすると、どのように情報等を取り入れさせ、認識等を深めさせ、認識等を表出させ、反応を踏まえて認識等を発展させるかが重要となります。

　このように考えれば、特定の教育内容に関連する特定のスキルを組み合わせ、さらにそれらに相応しい特定の学習形態を組み合わせ、教育内容とスキルと学習形態の三次元の組み合わせを単位として年間指導計画を作成することが推奨されます。

　筆者は、このアイデアを平成24年にソウルで開かれた韓国教育開発院KEDI創設40周年記念国際シンポジウムで発表しました。その際、21世紀スキルを提唱する米国連邦教育省からの参加者などから賛同を得たことを書き添えます。

第12章
グローバル人材育成教育をどのように実施するか
－これまでの教育を見直す－

1．これまでの教育を見直す－授業を経済や職業生活のリアリティを伴うものに

　グローバル人材の育成には経済や職業生活のリアリティを伴う授業が必要です。

　個別の企業による海外事業展開や外国人の採用など、経済産業活動のリアリティを伴う授業によって初めて、児童生徒はグローバル化を自分自身に関わる問題として捉えることができます。そのように認識すれば、グローバル化社会を自分はどう生きていくのか、そのためにこれからどうすればよいのかを考えます。そして、グローバル人材に求められる資質能力あるいはその基盤となる知識やスキルを修得しようと主体的に努力することにもつながります。

　また、企業活動や職業生活のリアリティを伴う授業を通じて、学んでいるスキルが、他の学習場面や現在の学校内外の生活だけでなく、将来の社会生活や職業生活にも転用可能で有用なものと認識することも期待できます。そのように認識するとそれらの知識やスキルが定着します。さらに高校、大学を通じて、社会人になった後も、基礎的、基盤的な知識とスキルの上に形成される資質能力の修得をめざして努力を続けることができます。

第1部　グローバル人材の育成

２．スキルの転用可能性、汎用スキルについて

　第10章で、グローバル人材教育の到達目標として設定したスキルを教育内容に関連付け、各教科の授業でスキル修得のための指導を行うことについて説明しました。

　言うまでもなく各教科の授業で指導するスキルは、当該教科の学習に用いられるだけでなく、すべての教科の学習にも有用です。また、学習活動だけでなく、むしろそれ以上に、様々な児童生徒の学校内外の生活、将来の社会生活や職業生活において用いられることが想定されています。

　このことは、キー・コンピテンシー、21世紀スキルの内容、表現を見ても明らかです。ただ、学校教育法第31条第２項の規定は学習の場で用いることを想定した表現になっています。

　このような性格に着目してスキルの転移性 portability of skills とか汎用スキル transferable skills などの表現が用いられます。

　学習したスキルが汎用的なものとして形成されるためには、当該スキルを学習した指導単元以外の指導単元や学習した教科以外の教科で用いる機会を与えられて、当該スキルの転移性を確認するとともに、学習活動以外の実生活や将来の社会生活、職業生活に転移可能で有用なことを認識して、さらなる習熟へ向けて努力するなどのプロセスが必要です。

　しかし、生活体験が乏しく、将来の職業生活についての具体的なイメージが描けないと、スキルの転移性や有用性を理解することが難しくなります。各教科の授業でスキルを指導しても、児童生徒には単に「先生が期待している行動／発言／態度」と受け止められ、その授業限りで期待に沿った行動等を演じるだけに終わるかもしれません。

３．経済や職業生活のリアリティを伴う授業に乏しい現状

　残念なことですが、日本では各教科の授業で経済活動や職業生活上のリアリティを伴う題材を取り上げたりすることが少ないと思われます。

　各教科の授業で経済活動や職業生活上のリアリティを伴う題材を取り上げ

られないことには様々な要因、背景が考えられます。産業と経済の高度化、企業活動の専門分化などから企業の活動が部外者から見えなくなり、授業の題材に取り上げることが難しくなっています。また、終身雇用が一般的な日本では、教員の多くが企業の正規従業員などを経験せずに採用されるので、職業生活上のリアリティある題材や授業展開をイメージできない事情もあります。さらに、教科書、特に国語や英語、数学の教科書に経済活動や職業生活のリアリティを感じさせる記述が極めて少ないことも問題です。

近年、「総合的な学習の時間」や高校特設科目「産業社会と人間」で経済活動や職業生活に関わる授業が行われるようになり、また「特別活動」でインターンシップを実施することも多くなりました。また、学校教育活動全体を通じてキャリア教育を、という国の方針も学校に浸透してきました。

しかし、専門教科・科目を除く各教科の授業では大きな変化は生じていません。専門高校の国語や数学、理科や社会の授業でも、その高校の専門分野を意識した授業が行われていません。まして、普通高校の一般教科や中学校であれば、経済活動や職業生活のリアリティを感じさせる授業はなお少ないと思われます。

このため「総合的な学習の時間」等で学んだことや得た情報を、各教科の授業で学んだことと関連付け、あるいは総合的に理解して、自身の将来を考えながら学習に取り組む状況にはなっていません。

同じことがこれまでのグローバル人材育成に関連する教育についても言えます。

グローバル人材育成教育において到達目標とすべき内容のいくつかは、現在の学習指導要領に教育内容や留意事項として記述され、それに基づいた指導が行われています。

例えば、高校では「英語」の授業が英語で行われ、語学力も向上しています。地理の授業ではグローバル化や日本企業の海外事業展開を学習しています。また、地理や歴史の授業を通じて、歴史と宗教、文化を異にする様々な国民、民族がいることを知っています。さらに「総合的な学習の時間」や「産業社会と人間」の授業で、グローバルに活躍している社会人の体験談も

135

第1部　グローバル人材の育成

聞いています。

　しかし、多くの生徒は「英語」と地理、歴史、「産業社会と人間」で学習した内容を関連付けていないと思われます。まして、それらが自分自身の生き方に関わる問題とは認識していないと思われます。

　その結果、英語を自分が働いていくために有用なツールと理解できず、学んだ知識や情報を踏まえて自分がこれからどう生きていくのか考えることもできないように思われます。

４．授業に経済や職業生活のリアリティをどのように導入するか

　各教科の教育内容との関連付けについての説明は省略しますが、例えば、個別の企業名、製品名を伴って、企業の活動ぶりや従業員の仕事ぶり、新しい商品・サービス提供の背景にある技術開発や独創的なアイデア、新しい商品・サービスが社会にもたらしたインパクトなどを授業で取り上げることが可能です。例えば、新潟県では、平成22年度の教員研修事業の一環として、理科を担当する教員を地場企業に派遣し、当該企業の製品／技術開発業務に参加させるともに、派遣された地場企業それぞれの技術開発に関連する内容を題材として、当該企業の協力（実験材料・装置の提供や技術開発スタッフの参加など）を得て授業を行っています。

　また、企業や大きな組織でどのように意思決定が行われ、業務が進められていくのかを、児童生徒に具体的にイメージさせることも大切です。例えば、事業部門担当者からの提案、プレゼンテーションと管理部門担当者や上司との質疑応答、担当者レベルから管理職、役員レベルまでの会議、事前説明などのプロセスを児童生徒に示して、論理的な思考と表現、コミュニケーションなどのスキルや各教科で学ぶ知識や技能の有用性を説明します。さらにロール・プレイなどを行えば、論理的思考や表現、コミュニケーション、人間関係形成などのスキルや専門的知識の有用性が十分に理解できます。

5．これまでの教育を見直す－学習方法等についての指導をより具体的なものに

　グローバル人材育成教育ではスキルの修得が重要な課題です。スキルの修得には授業に加えて児童生徒による自主的、主体的な学習活動が不可欠です。

　グローバル人材育成教育の効果を高めるためには、児童生徒に対して、どのように学習を行うのか、どのように学習を進めていくのかについて具体的に指導することが必要です。

　図12-1の写真は、平成23年に前章で紹介したKISTを訪問した際、GI（小学校1年相当）の教室の後方の壁に掲示されていたものです。写真では内容が分からないので、掲示内容のうち見出しの部分だけを抜き出した模式図（図12-2）を添えます。

　KISTの学習指導では、一定期間を単位として児童生徒に課題を与え、児童生徒が主体的に計画やスケジュールを設定し、資料収集等の準備を進め、レポートや作品等を作成して提出し、教員からの質問に答え意見に反論する等のスタイルが採られています。

　写真の掲示物は、児童生徒がどのようにレポートや作品等を作成し、教員の質問や意見に備えるか、を具体的に示したものです。日本語に訳すと、左上から①課題に合わせ調える　＜質問に備えて計画する＞、②見出だす＜情報を集める＞、③仕分ける　＜有用な情報とそうでない情報を選り分ける＞、④（情報を整理したところから）前に踏み出す　＜他と比較／関連させ、一般化する＞、⑤振り返る　＜考察等を通じて知り得たと思ったことを再考する＞、⑥行動に移す　＜知っていることに基づいて行動する＞、そして中央は⑦論拠を示して説明し、理解する　＜知り得たことについて他者に伝える／相互に伝え合う＞となります。

　図には省略しましたが、左上の欄には、ⅰ他者に尋ねること、経験から考えること、本で調べることを分け隔てなく使う、ⅱ（様々な知識、情報の中で）何を知ることが重要か、どのような情報が必要かを見分ける、ⅲ仮説を

第1部　グローバル人材の育成

図12−1　K. International School Tokyo の G1 の教室内の掲示物から

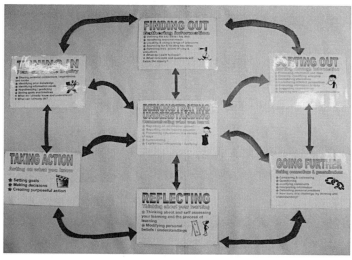

図12−2　図12−1の写真の模式図

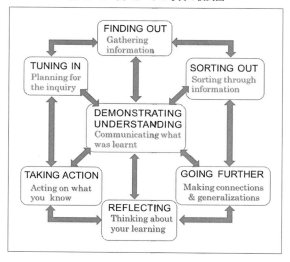

第12章　グローバル人材育成教育をどのように実施するか

立てる／予測する、ivスケジュールを設定する、と具体的に計画、準備すべきことと、留意事項が示されています。

　日本の学校教育では、子供の自由な発想や自然の情感が重視され、思考の技術や考察結果をまとめる方法は「児童生徒を型にはめる」ものとして軽視される傾向があります。

　教員は知識については教えすぎても、学習方法や学習に必要な技術については「児童生徒の主体性を尊重する」と言うばかりで指導に消極的です。その結果、教員が児童生徒に「予習と復習が大切です」、「計画を立てて自主的に勉強しなさい」と指導しても子供達の多くは何をどうすればいいのかわからないまま予習・復習も自主的な学習もしないことになります。

　学習における子供の主体性を真に尊重するのであれば、まず思考と学習の技術と方法を型に示して指導することが必要です。このような意味でもKISTの学習方法に関する指導は大いに参考となります。

139

第 1 部　グローバル人材の育成

おわりに

1. グローバル化が進む時代の教員に望まれること

　第 1 章から第12章にわたって、グローバル人材育成を担う教員に求められる基本的な知識や理解、グローバル人材育成教育に関する基本的な考え方などを解説してきました。「グローバル化とは何か」に始まり、グローバル化が学校教育に与えている影響、とりわけ日本がグローバル化に対して積極的に対応していかなければならないこと、グローバル人材とはどのような人達のことをいい、どのような資質能力が求められるか、グローバル人材育成教育をどのように行うのか、どのように教育課程への位置付け、どのような授業形態、指導方法が相応しいのか、などについて筆者なりにわかりやすく説明してきたつもりです。

　教職課程で学修する内容とは異なるもの、経済などに関する内容もあって、理解するのが容易でなかったかもしれません。しかし、グローバル化はこれからも進んでいくので、これまで解説してきたことは学校の教員にとって必須の知識となると思われます。

　さて、学校教育の本質は、教員と児童生徒との人格的なふれあいを通じて、児童生徒の全人格的な発達を促すことにあります。それぞれの学校の教育が成果をあげるかあげないかは、一人ひとりの教員の全人的な資質と能力に大きく左右されます。そのことはグローバル人材育成教育でも同様です。

　グローバル人材を育成するためには、教員自身がグローバル人材に求められる資質能力を備えていることが理想的です。しかし、そのような教育はこれまでなかったのですから、実際には困難と思われます。それであれば、少なくとも教員と教員志望者がグローバル化を時代の変化と受け止め、グローバル人材に求められる資質能力を自身にも備えようとする意思を持ち、それに向けて努力することが大切です。

おわりに

　教職志望の学生であれば、まず英語の能力を高め、企業の海外事業展開などに興味を持ち、外国人の留学生と友人になって大いに話し、たとえ短期でも外国に滞在して日本と異なる社会を実感することです。そして教員に就いた後も、企業で働いている友人や知人から企業での業務の実際を詳しく聞いて、具体的なイメージを持つことです。また、学校教育や担当教科の専門述語の英語表現を習得して、外国の学校の状況を知り、外国の学校を訪れ、外国の教員との交流の機会を持つなどの努力を重ねることも望まれます。

　教員が努力を重ねていることは児童生徒に好ましい影響を与え、児童生徒の努力を引き出すことにつながります。

２．グローバル人材育成を担うことに誇りを

　多くの大学の教員が、学生にとって理想的な進路は大学教員となり研究に従事することと考えているようです。同様に、小中学校、高校の教員の中にも、教え子の理想的な進路は教職や公務に就くこと、と考えているものが多いと思われます。

　一方、グローバル人材の活躍の場として想定されているのは主として企業です。もちろん研究実績が国際的に評価される研究者、国際連合など国際機関で働く国際公務員や外交官などもグローバル人材と考えられます。しかし、グローバルに展開される企業の活動に従事する人々の方が圧倒的に多く、グローバル人材の育成は企業で活躍する人材を想定して行うことが期待されています。

　読者の中には経済活動と企業について誤解している人がいるかもしれません。

　ここで念のために、ピーター・ドラッカーの「マネジメント－務め、実践、責任－Ⅰ」の記述を引用して説明を加えます。

　第一に「企業は公的機関ともども社会の一翼を担って」います。企業は「具体的な社会的目的を果たし、社会、・・個人の具体的なニーズを満たすために存在」しています。

　企業は、その時点その時点での社会や個人の需要に的確に応え、従来にな

第1部　グローバル人材の育成

いような商品やサービスを、より便利により安く効率的に提供することにより、「顧客を生み出」して利益をあげています。これは行政機関や学校・大学、病院などの公的機関にはできないことです。行政機関や公的機関は予算で運営され、予算は過去の実績の反映です。

　第二に「教育、保健・医療、防衛、知識の増進など、ほかのすべての社会的務めは、経済資源の余剰・・に依存」しています。「（経済資源の余剰）を生み出すには（企業が）経済活動で成果をあげる以外に方法がない」ことです。

　そして第三に、企業は「不確実性というリスク」を取りながら、安定的に商品やサービスを提供し、雇用の機会を提供し、「働き手に達成感を得させる」とともに、納税を通じて社会に貢献し、「社会的責任を」果たしています。行政機関や公的機関はリスクをとりません。（括弧内は筆者が補足したもの）

　日本は自由市場資本主義経済を国の基本的な枠組としています。国民は、企業によって生み出された社会的な富を背景に、世界的に見れば豊かな生活を享受しています。

　社会的存在である企業で働く優れた人材を育成することは、社会が学校に期待する重要な役割です。

　近代学校教育制度は、元々、近代産業社会を担う国民を育成するために設けられたものです。育成する目標が近代産業社会の担い手からグローバル人材に置き換わっただけのことで、企業活動に従事する人材を育成することは学校教育本来の目的ですし、崇高な使命です。

　読者の方々が、誇りを持ってグローバル人材育成教育に携わることを期待しています。

参照文献

第２～６章　関係

間宮陽介ほか、「現代社会」、2013年、東京書籍、東京

岡崎勝世など、「明解　世界史Ａ」、2013年、帝国書院、東京

荒井良雄など、「高等学校　新地理Ａ」、2013年、帝国書院、東京

片平博文など、「新詳地理Ｂ」、2013年、帝国書院、東京

Joseph Stiglitz 著、藪下史郎ほか訳、「スティグリッツ　マクロ経済学（第３版）」、2007年、東洋経済新報、東京

福岡正夫、「ゼミナール経済学入門（第４版）」、2008年、日本経済新聞、東京

Manfred Steger 著、櫻井公人ほか訳、「（１冊でわかる）新版　グローバリゼーション」、2010年、岩波書店、東京

大木博巳編著、「東アジア国際分業の拡大と日本」、2008年、日本貿易振興機構、東京

ユベール・エスカット、猪俣哲史編著、「東アジアの貿易構造と国際価値連鎖－モノの貿易から『価値』の貿易へ－」、2011年、日本貿易振興機構アジア経済研究所 IDE-JETRO・世界貿易機関 WTO

イアン・ブレマー著、有賀裕子訳、「自由市場の終焉－国家資本主義とどう闘うか」、2011年、日本経済新聞、東京

エマニュエル・トッドほか、「グローバリズムが世界を滅ぼす」、2014年、（株）文藝春秋、東京

International Data Corporation, "Smartphone Vendor Market Share, 2015 Q2", ウェブサイト http://www.idc.com/prodserv/smartphone-market-share.jsp から

Counterpoint-Technology Market Research, "Apple Records Highest Ever Market Share in Korea and Japan", ウェブサイト http://www.counterpointresearch.com/applepulsenov2014から

一般社団法人日本旅行業組合、「旅行業界の現状と課題－旅行業の役割と JATA の取り組みについて－2013年４月15日（月）」、ウェブサイト https://www.jata-net.or.jp/data/materials/pdf/ykwrtrkm.pdf から

第1部　グローバル人材の育成

徳永保、「グローバル人材に求められる資質能力」、2014年、公益財団法人日本教材文化研究財団「研究紀要」（2014年3月）

Bohm, Davis, Meares and Pearce, Global Students Mobility 2025-Forecasts of the Global Demand for International-MEDIA BRIEFING, P5, 2002年、IDP Education Australia, IDPのウェブサイト http://aiec.idp.com/uploads/pdf/Bohm_2025 Media_p.pdf から

UNESCO Institute of Statistics, "Top destinations for mobile students by country of origin and outbound mobility ratio", (Tracking the flows of mobile students, Higher Education), ウェブサイトhttp://www.uis.unesco.org/Education/Pages/tertiary-education.aspx から

International Organization for Standardization, "ISO 29991: 2014 Language learning services outside formal education--Requirements", ウェブサイトhttp://www.iso.org/iso/home/store/catalogue_tc/catalogue_detail.htm?csnumber=54660から

徳永保・籾井圭子、「グローバル人材育成のための大学評価指標－大学はグローバル展開企業の要請に応えられるか－」、2011年、協同出版、東京

日本経済新聞　電子版保存記事（2013年9月17日朝刊「日本企業『アジア本社』競う　東南アに中核拠点」、2013年11月18日朝刊「外国人新卒の採用増」、2013年11月25日朝刊「外国人留学生、世界戦略担う　早期登用で囲い込み」、2014年1月15日朝刊「パソナ、インドで新卒採用仲介」、2014年3月5日朝刊「パナソニックや楽天、グローバル人材SNSで採用」）

Educational Testing Service,「TOEICプログラムの理念－TOEICの歴史－」ウェブサイト http://www.toeic.or.jp/toeic/about/what/philosophy.html から

US Science Board, "Science and Engineering Indicators 2014", 2014年, National Science Foundation, Anlington VA

白石隆、「海の帝国－アジアをどう考えるか－」、2000年、中央公論新社、東京

白石隆、「中国は東アジアをどう変えるか－21世紀の新地域システム－」、2012年、中央公論新社、東京

大泉啓一、「消費するアジア－新興国市場の可能性と不安」、2011年、中央公論新社、東京

石川憲二、「化石燃料革命－『枯渇』なき時代の新戦略－」、2012年、日刊工業新聞、東京

観光庁、「宿泊旅行統計調査（平成24年年間値）」、ウェブサイト http://www.mlit.go.jp/kankocho/siryou/toukei/shukuhakutoukei.html から

世界保健機関 WHO、「世界保健統計2014年版」、ウェブサイト http://www.who.int/kobe_centre/mediacentre/whs_2014/ja/ から

国土交通省「世界の港湾取扱貨物量ランキング（1998年、2012年）」、「世界の港湾別コンテナ取扱個数ランキング（1980年、2013年（速報値））」、国土交通省ウェブサイト中の統計情報－港湾関係情報・データ http://www.mlit.go.jp/statistics/details/port_list.html から

アサヒビール「ニュースリリース2009」「アサヒビールグループ『長期ビジョン2015』＆『中期経営計画2012』」アサヒビールのウェブサイト https://www.asahibeer.co.jp/news/2009/1201.html から

日本経済新聞　電子版保存記事（2013年12月10日朝刊「海外で幹部育成　ファミマやファストリ、現地拠点」）

国立教育政策研究所の「グローバル人材育成に関する調査研究」（平成23年度）における企業インタビューに際して東京商工会議所から提供された資料

独立行政法人中小企業基盤整備機構、「中小企業海外事業活動実態調査報告書（平成23年）」、2012年、ウェブサイト http://www.smrj.go.jp/keiei/kokusai/report/tenkai/070504.html から

独立行政法人日本貿易振興機構、「2014年度日本企業の海外事業展開に関するアンケート調査－ジェトロ海外ビジネス調査－」、2015年、ウェブサイト http://www.jetro.go.jp/news/releases/2015/20150311949-news.html から

国際協力銀行、「わが国製造業企業の海外事業展開に関する調査報告－2013年度海外直接投資アンケート結果」、2013年、ウェブサイト https://www.jbic.go.jp/wp-content/uploads/press_ja/2013/11/15775/2013_survey.pdf から

アクセンチュア株式会社「欧米アジアの外国企業の対日投資関心度調査報告書（平成26年3月）」、2014年、経済産業省のウェブサイト http://www.meti.go.jp/policy/investment/pdf/2013kanshindochosa.pdf から

厚生労働省、「外国人留学生の採用意欲調査の結果について」、労働市場分析レポート第28号、2014年、厚生労働省のウェブサイト http://www.mhlw.go.jp/file/06-Seisakujouhou-11600000-Shokugyouanteikyoku/0000066741.pdf から

日本産学フォーラム、「第2回日米加共同産学ワークショップ'97報告書－グロー

145

第1部　グローバル人材の育成

バル・エコノミーにおける創造性：未来への鍵」、1998年

日本産学フォーラム、「大競争時代の人づくり戦略と産学協働」（教育における産学協働研究会報告書）、1998年

第7章〜終わりに　関係

東京大学、東洋文化研究所日本政治・国際関係データベース、「福田ドクトリン演説」、1977年、www.loc.u-tokyo.ac.jp/～worldjpn/docoments/texts/docs/19770818. SIJ.html から

佐藤嘉信、「海外進出の原点と新興国市場の立ち上げ－Panasonic の挑戦－」、2011年、専修大学経営研究所2011年度定例研究会第2回研究会資料 www.senshu-u.ac.jp/～off 1005/kenkyo/study/2011 kenkyuold.html から

石川裕之、「韓国の才能教育制度－その構造と機能－」、2011年、東信堂、東京

Meeting of the OECD Council at Ministerial Level, "OECD 50th Anniversary Vision Statement", 2011年 , OECD のウェブサイト http://www.oecd.org/mcm/48064973.pdf などから

OECD, "The Definition and Selection of Key Competencies-Executive Summary-", 2005年 , OECD のウェブサイト http://www.deseco.admin.ch/bfs/deseco/en/index/02.parsys.43469.downloadList.2296.DownloadFile.tmp/2005.dskcexecutivesummary.en.pdf から

徳永保・籾井圭子「グローバル人材育成のための大学評価指標－大学はグローバル展開企業の要請に応えられるか」（2011）、協同出版、東京

ピーター・ドラッカー著、有賀裕子訳「マネジメント－務め、責任、実践－Ⅰ」2008年、日経BP社、東京

P.グリフィン、B.マクゴー、E.ケア編、三宅なほみ監訳、益川弘如、望月俊男編訳、「21世紀型スキル：学びと評価の新たなかたち」、2014年、北大路書房、京都

林　寛平「Report on the Scaling-up ICT-enabled innovation for learning: Inputs from Asia and Europe, Expert workshop」、2012年

徳永保「Scaling-up ICT-enabled innovation for learning-Asia and Europe, Expert workshop についての報告」、2013年

徳永保・林寛平「人材育成の観点から見たシンガポールの初等中等教育」、科学研究費補助金「近年成長が著しい国における学術政策、大学政策、学校教育を通

じた人材育成政策に関する調査研究報告書（研究代表：松本洋一郎）」、2015年

相良憲昭、岩崎久美子ほか「国際バカロレア」、2007年、明石書店、東京

International Baccalaureate Organization, "What is an IB education?", 2013年, Antony Rowe Ltd, United Kingdom, IBO のウェブサイト http://www.ibo.org/globalassets/publications/what-is-an-ib-education-en.pdf から

小牧孝子「第3節　国際バカロレアプログラムで国際人をつくる」、国立教育政策研究所「未来の学校づくりに関する調査研究報告書－平成24年度プロジェクト研究調査研究報告書」、2013年、国立教育政策研究所、東京

小林雅之・劉文君、「高等教育と職業能力との関連」、科学研究費補助金「学術振興施策に資するための大学への投資効果等に関する調査研究報告書（研究代表：徳永保）」、2013年

藤田晃之「キャリア教育基礎論－正しい理解と実践のために－」、2014年、実業之日本社、東京

勝野頼彦（研究代表者）、「社会の変化に対応する資質や能力を育成する教育課程の基本原理－教育課程の編成に関する基礎的研究報告書5－平成24年度プロジェクト研究調査研究報告書－」、2013年、国立教育政策研究所、東京

勝野頼彦（研究代表者）、「資質や能力の包括的育成に向けた教育課程の基準の原理－教育課程の編成に関する基礎的研究報告書7－平成25年度プロジェクト研究調査研究報告書－」、2014年、国立教育政策研究所、東京

第2部

知識構成型ジグソー法
による協調学習

第２部　知識構成型ジグソー法による協調学習

はじめに

　本稿では、グローバル人材を育成する教育実践の実例として、「知識構成型ジグソー法」による協調学習の授業をご紹介します。東京大学の大学発教育支援コンソーシアム推進機構（CoREF）では、2010年より自治体との連携による協調学習の授業づくりプロジェクトを行っています。このプロジェクトはグローバル人材に必要な資質能力を育てる授業づくりの取組です。具体的には、知識構成型ジグソー法という手法を用い、子ども一人ひとりが自分の頭で主体的に考え、その考えを聞き合いながら理解を深める授業づくりにより、21世紀に求められる資質能力の育成を目指しています。連携に参加する実践者と、研究者、教育行政関係者は、立場を超えて同じ手法を媒介に学び合いながら、授業のデザイン・実践・評価のサイクルを回し、様々な教科校種における実践事例と授業と学習についての質の高い知見を蓄積しています。

　第１章では、目指す協調学習とはどんな学びなのか、知識構成型ジグソー法の型にどんな意味があるのか、といった背景理論を解説します。第２章では、私たちが授業のデザインと振り返りのために作成したフォーマットをご紹介し、知識構成型ジグソー法による授業のデザインと振り返りの際に大事にしたい観点について述べます。第３章では、小中学校の事例を中心に、知識構成型ジグソー法による多様な実践例と、授業における学習の様子を紹介します。最後に、長年にわたり取組に関わっておられる実践者の方に、実践を通じて児童生徒の学びや授業づくりについて見えてきたことを語っていただき、今後の展望を述べてまとめます。

　なお、これまでの取組の枠組や実践事例についてより詳しいことは、CoREFのウェブサイトで知ることができます。こちらには、各年度の活動報告書がアップされており、活動の枠組や研修プログラム、様々な教科校種における授業づくりの成果と課題なども掲載されています。典型的な授業実践に関する資料（授業案・教材・振り返り）もダウンロードできます。

第1章
一人ひとりの学ぶ力を引き出す授業のデザイン

子どもたちが「自分の頭で自主的に考えられる」
授業づくり：
前提　学習科学研究の知見から

● 他者と異なる視点からの考えを出し合い、
　比較吟味しながら自分なりの解を作り上げて
　いく活動が引き起こされると、個々人の課題
　についての理解が深まりやすい
　⇒協調学習（Collaborative Learning）

　近年、一人ひとりが自分で考えて、色々な意見を集めて編集し、自分自身で答えを作り出す知性、すなわちグローバル人材としての資質能力を育成する授業づくりがますます重要視されるようになっています。こういうと大変そうですが、学習科学という研究分野の知見からは、グローバル人材としての資質能力は、そもそもは、全ての人間が潜在的に持っている学ぶ力をもと

第2部　知識構成型ジグソー法による協調学習

に育っていくものであるということが明らかになってきています。

　人間は、解決したい問題に出会ったとき、周りに他者がいると、自然に考えを出し合って答えを探そうとします。学習科学は、他者との関わりのなかで自然に起こるこうした学びに「協調学習」という名前を付けています。協調学習は、参加した個々人の理解を深めやすい学習でもあります。協調学習を教室で引き起こせれば、21世紀社会が求める資質能力は自然に育っていくはず。これが、私たちの授業づくりプロジェクトの原点にある発想です。

　協調学習とはどんな学びであるのか、もう少し具体的な事例に即して見ていきましょう。例えば、こんな事例があります。ある保育園での出来事です（本吉, 1979）。

　冬の寒い日の朝、登園してきた子どもたち。プールに氷がはっているのを、発見しました。透きとおった氷は大変魅力的な遊び道具です。子どもたちは氷を割ったり滑らせたり、大変楽しんで1日を終えました。次の日、再び登園してきた子どもたち、今日も氷で遊ぼうとプールに行ってみました

人の潜在的な学びの力

- 一人ひとり、全員が
- 自分の経験から自分なりの理解を作り上げ
- 自分の理解を自分の「ことば」で表現して
- 理解を少しずつ一般化、抽象化して適用範囲（解ける問題の範囲）を広げ
- 次の学び（知りたいこと）につなげてゆく

⇒一人ひとりがやりとりをとおして、自分の考えの質を自分で上げていく

＝協調学習

第1章　一人ひとりの学ぶ力を引き出す授業のデザイン

が、何としたことか、その日は氷ができていません。「氷で遊ぶにはどうしたらいいだろうか？」こんな疑問が、みんなにとって「解きたい問い」として浮上しました。

　子どもたちはおそらく、大人が冷凍庫で氷を作るところなどを見たことがあったのでしょう。何か容器に水をいれて置いておけば、氷ができるのではないかというアイディアが出され、その日は思い思いの容器に水を入れて好きなところに置いて帰ることになりました。

　翌朝、子どもたちは登園するとまず自分の容器のところへ行って、氷ができているかを確認しました。みんなで一緒に試していますから、他の友だちの結果も気になります。「僕のはこおった」「私のはダメ」「クッキーの缶でね、いっぱいこおった。缶ってやっぱ冷たいもん」「私のは冷たい窓の近くだからこおった」と、自分なりの理解が自然に言葉になりました。色々友だちの話をきいてみますと、次はこれを試したい、という意欲も湧いてきます。その日の帰りも、それぞれの子が、こうすれば凍るのではないか？という各自のアイディアに基づいて、色々なところに水をいれた容器を置いて帰ることになりました。そうして数日が経過するうちに、子どもたちは氷ができる条件についてかなり色々なことを理解したのです。

　しかし、子どもたちの活動はそれでは終わりませんでした。氷づくりを続けていたある日、事件が起こりました。その日の朝、いつものように前日に置いた容器を確かめにいった子どもたち、1人の園児の置いた容器（発泡スチロール箱）だけ氷ができてないということが判明したのです。1人だけ氷で遊べないとなれば大問題です。「なぜ氷ができなかったのか」子どもたちは一生懸命考えました。

　自発的に始まった探究は、探究の中で自然に生じたこの新しい問題をきっかけに更に深まりました。「氷は天気とは関係なく寒い日にできるはずだけど…」、「容器によってこおりやすさに違いがある」、「水は上のほうからこおる。下のほうはあたたかいのかもしれない」…。子どもたちは10日も過ぎると、状態変化の仕組に関する色々な事柄を学んでしまったのです。

　課題が浮かび上がったとき、自然と探究が始まり、やりとりが生まれ、考

153

第2部　知識構成型ジグソー法による協調学習

えが深まっていく。こうした事例は、人の日常の中にたくさんあります。学習科学は、様々な事例の分析から「やりとりをとおして、自分の考えの質を自分であげてゆくこと、これは人の持つ潜在的な学びの力である」という見解を見出し、そうした学びの力が発揮されて起こる学びを「協調学習」と呼んで特徴づけています。私たちは、この潜在的な学びの力を引き出し、伸ばすことがグローバル人材育成の基本だと考えています。

　「人は誰しも潜在的な学びの力を持っているものであり、条件さえ整えば、その力を発揮して自分の頭で考え、他者とやりとりしながら理解の質を上げていくものだ」こう考えると、育成したい資質能力に対する考え方も変わってきます。求められる資質能力は、ゼロから訓練するようなものではなくて、きっかけ次第で発揮されるものではないかと考えることができます。たとえば、コミュニケーション能力というものは「私には伝えたいことがある」という自覚があれば自然に発揮されるものではないか、コラボレーション能力というものも「私の考えは話し合って良くなる」自覚があれば、自然

求められる資質能力を
「子ども」を主語に考え直すと？

●コミュニケーション能力
　　●「私には伝えたいことがある」自覚
●コラボレーション能力
　　●「私の考えは話し合って良くなる」自覚
●イノベーション能力
　　●各自違う意見を統合すると答えが見える

第1章　一人ひとりの学ぶ力を引き出す授業のデザイン

に発揮されるものではないか、イノベーション能力というものも「各自意見を統合すると答えが見える」経験があれば自然に発揮されるものではないか、という具合です。

　このように、グローバル人材に求められる資質能力を学習者の視点からとらえなおしてみると、その育成のための授業のイメージも明らかになってきます。一緒に解きたい問いがあれば、子どもたちは自分の考えを説明しようとするはず。説明したいな、伝えたいことがあるんだ、という気持ちを持てれば考えを伝えあう活動、すなわちコミュニケーションが起きるはずです。コミュニケーション力のある子とない子がいて、ない子には話し方を教えてあげて、台本を与えてあげて、コミュニケーションの仕方を教えてあげようという話ではなくて、資質能力を発揮できるかどうかは「伝えたいことがある」と本心から思えるかどうかの問題ではないかと考えてみるわけです。

　どんなことでもいいから考えを言葉にしてみれば、互いに考えの違いが目に見えるようになります。そうなれば「どういうこと？」「だからさぁ…！」

> ## 子どもはみんな、自分で考えて
> ## 学ぶことが得意だと思ってみれば、
>
> - 一緒に解きたい問いがあると
>   - 自分の考えを説明しようとするはず
>   - これが「私には伝えたいことがある」自覚の基
> - すると、お互いに考えが違うことが見えるので
>   - 相手の考えがわからないから互いに「えっ？」
>   - 自分の考えを言い直したくなるはず
>   - これを相互に繰り返しているうちに答えが良くなる
>   - 「私の考えは話し合って良くなる」自覚の基
>   - 各自違う意見を統合すると答えが見える

という応答は自然に起きます。相手の反応を受けて考えたり、何度も言い直したりしているうちに、言えることの質も上がっていきます。質の向上は、考えが話し合って良くなった実感、違う意見を組み合わせると納得のいく答えが見えてくるんだという実感を持たせてくれるでしょう。こうした経験があれば、更に、次にまたみんなで問題に取り組むことになったときには、「コミュニケーション」「コラボレーション」「イノベーション」を自分から起こせるようになる。そしてそのうち、問題に出会ったとき、いくつかの視点から考えを出し合って自分の考えを見直しながら答えを探すとよりよい答えがみつかるんだ、という感覚自体が自分に身についたとき、いわば、やりとりを通じて学ぶという学び方を自分のものにしたとき、その人はグローバル人材として活躍できる素地を身につけた、ということになるのではないでしょうか。

　結局、グローバル人材を育成するための授業づくり、というとき、私たちの提唱する基本的な方向性は、「人はそもそも自分で考えて学ぶことが得意

協調的な学びを組織する授業づくり：
CoREFの提唱する基本的な方向性

- **人は元来、自分で考えて学ぶことが得意**
- **状況さえ整えば、学ぶ力を発揮できる**
- 子どもが潜在的に持つスキルを発現する「必然性がある」環境を整えてあげることで、
- 主体的、活動的に学ぶ経験を通じ、「学び方を学ぶ」チャンスを設けてあげる

第1章　一人ひとりの学ぶ力を引き出す授業のデザイン

な生き物であって、状況さえ整えば学ぶ力を発揮できるものなのだ」ということを前提に、潜在的に持っているはずのスキルを発現する必然性がある環境を整えてあげよう、ということです。そしてスキルを使って主体的、活動的に学ぶことをとおして自身の考えが良くなることが実感できる経験を積み重ねることで、学び方自体も自分のものにしてもらおう、子どもたちが自身の資質能力を自在に使いこなせるようになってもらおうということです。教師の目線で何を教えるのかを考えるというよりは、学習者の目線で、もともと持っているはずの学びの力を発揮できる環境のあり方を考え、そういう環境をデザインしようという考え方です。

　それなら「学びの力を発揮する必然性のある環境」とは、どういうものでしょうか。これについても学習科学は手がかりを提供してくれています。たとえば、先ほどご紹介した氷作り遊びの事例のように、人が主体的、協調的に主題についての理解を深めているような場面、ゲームや遊びの戦略を練るときですとか、科学者の研究活動ですとか、職場での問題解決ですとか、そういうものを色々ながめてみると、うまく協調学習が起きるときの学習環境には共通の条件というものがあることがうかびあがってきます。

　CoREF では今のところ、環境の条件を 4 項目にまとめています。第 1 に、「一人では充分な答えが出ない課題をみんなで解こうとしている」ような環境であること。先ほどの保育園の例でも「朝までに水を凍らせるにはどうすればいいか」という課題があって、探究が始まりました。子どもたちが 1 人ではこの課題が十分解けそうにない、と感じたからこそ、みんなで考えて試してみよう、という活動が自然に生まれたと考えられます。

　次に、「課題に対して一人ひとりは「違った考え」を持っていて、考えを出し合うことでよりよい答えをつくることができる期待感がある」ということです。保育園の例では、各自が課題に対して持っている考え（ここにおけば凍るのではないか？という予想）の違いを、置く場所や選ぶ容器の違いとして互いに確認することができました。そして、考えによって結果が変わるのも見えるので（凍るか凍らないか）、違う考えを出し合えば、「こうすればいいんだな」という「よりよい答え」が出そうだな、と期待が持てたでしょ

157

第2部　知識構成型ジグソー法による協調学習

潜在的に持つスキルを発現する「必然性がある」
「協調学習」が起きやすい環境

- 一人では充分な答えが出ない課題をみんなで解こうとしている
- 課題に対して一人ひとりは「違った考え」を持っていて、考えを出し合うことでよりよい答えをつくることができる期待感がある
- 考えを出し合ってよりよい答えをつくる過程は、一筋縄ではいかない
- 答えは自分で作る、また必要に応じていつでも作り変えられる、のが当然だと思える

う。だから、考えを出してみよう、聞いてみよう、という気持ちになりやすかったと考えられます。

　3つ目に「考えを出し合ってよりよい答えをつくる過程は、一筋縄ではいかない」という環境です。これも保育園の例で言えば、解きたい課題に対して自分たちが納得のいく答えを見つけるのは、子どもたちにとってそう簡単ではありませんでした。一旦「ここに置けば凍る。もうわかった」という気がしても、別の子が違う容器で置くと凍らなかったりして、「どういうこと？」「何がポイント？」と何度も自分の考えを見直したり、作り変えたりしなければなりませんでした。そうやって一筋縄ではいかないプロセスがあったからこそ、探究のためのやり取りが持続し、考えを少しずつ深めていくということになったのだと考えることができます。

　最後に、「答えは自分で作る、また必要に応じていつでも作り変えられる、のが当然だと思える」環境があることも大事です。答えは自分で作るものだし、他者の考えを聞いたり、新しい情報を知ったりしたら、自分の答え

第1章　一人ひとりの学ぶ力を引き出す授業のデザイン

をいつでも見直していていんだ、学習者がそう思えていてこそ、自分で考えることができます。逆に答えは誰かが教えてくれるからそれを覚えたほうが安全だ、一旦答えを出したら撤回できないから、簡単に考えを言葉にしないほうがいい、そう思っていたら自分の頭で考えて主体的に、協調的に学ぶ活動は引き起こされないでしょう。

　こうした４つの条件が満たされるような環境を教室にいかに作り出すか、これがグローバル人材育成のための授業づくりの基本的指針になります。ではどうやってこうした環境をつくるのか、様々な方法があると思いますが、単に身近な話題を持ってくる、実験や体験を取り入れる、グループで話し合ってもらうなどの工夫だけでは、なかなかうまくいかないことは既にみなさん御存じのところでしょう。できる子が１人でひっぱってしまったり、話があらぬ方向へいってしまったり、先生の「答え」を待ってしまったり色々なことが起こります。

　そこで CoREF が提案しているのは、知識構成型ジグソー法という「型」によってこうした環境を支えることです。知識構成型ジグソー法は、いくつかの知識を組み合わせながら一人ひとりが答えを作り上げていくような場を教室に作り出す枠組です。

　最初に、「今日はこれに答えを出してみよう」とみんなが思える問いを友だちと共有し、まずは自分で今考えられる答えを書き留めます。これにより、１人では十分な答えが出ない問いにみんなで答えを出そうとしているような環境をつくります。問いは必ずしも自分で見出した問いでなくてもよく、考えてみてもいいな、とさえ思えれば最初は十分です。次に、問いに答えるための手がかりとなる部品を、なんとなく言いたいことがみえてくるところまで理解します（エキスパート活動）。続いて、違う部品を持った子１人ずつからなる新たなグループをつくり、部品となる知識を比較検討したり組み合わせたりしながら統合し、問いの答えを探します（ジグソー活動）。これらの２つのグループ活動において、様々なメンバーと考えを聞き合うことにより、子どもたちは「違う考えを持っていて、その考えを組み合わせればよりよい答えが見えてきそう」という期待感を持ちつつ、探究を進めるこ

第2部　知識構成型ジグソー法による協調学習

図1-1　知識構成型ジグソー法

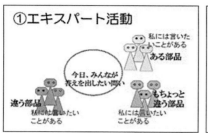
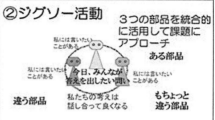
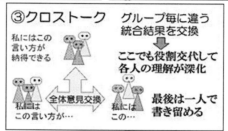

とになります。

　それぞれのグループで問いの答えがだいたい見えてきたら、クラス全体でも話し合い、解の表現を交流します（クロストーク）。まとまってきた解を聞き合ううちに、各自が自分なりに納得しやすい答えの表現が見つかってきます。そうなってきたら問いへの答えを、もう一回自分一人で書いてみます。授業の最初に考えてみたときと比べてみれば、それなりに良くなっていることが実感できます。以上の一連の流れによって、協調学習が起きやすい環境をつくるのが知識構成型ジグソー法です。

　「自分には伝えたいことがある」状況、「自分の持っている知識を友だちが持っていないから、自分が話したら友だちが聞いてくれそう」な状況があると、子どもたちは他者と考えを聞き合いやすくなります。こうした状況が、コミュニケーショは能力を引き出し、磨くチャンスを支えてくれるわけです。こうしたやり取りの中で子ども自身が「他人と話すと自分の考えが色んな方向から見直せて、他の人の考えも取り入れると答えもみえてくるなぁ」

第1章　一人ひとりの学ぶ力を引き出す授業のデザイン

と実感したとすれば、コラボレーション能力、協調問題解決能力を活用した
証ということになるでしょう。授業の最初には誰も持っていなかった「新し
い」答えが、授業をとおしてみつかった、と自覚できれば、イノベーション
能力の芽生えということになるでしょう。潜在的な学びの力が自然に使われ
やすい環境で、使われ、伸びていくことが期待できるわけです。こうやって
私たちは、一人ひとりの知識理解の深まりと結びついた形で資質や能力も伸
ばそうとしています。

161

第2部　知識構成型ジグソー法による協調学習

第2章
知識構成型ジグソー法による協調学習の授業づくり

1．授業づくりとフォーマット

　知識構成型ジグソー法による協調学習の授業づくりプロジェクトは、所属団体や校種を超えて様々な人々が学び合いながら、授業づくりの成果を共有し、蓄積、発展させてゆく取組です。ここでいう授業づくりとは、授業をデザインし、実践し、実践から見えてきたことを振り返って次の実践につなぐ一連のサイクルを意味します。

　取組では、「知識構成型ジグソー法を用いた協調学習授業　授業案」（以下、授業案）と、授業者が実践後に児童生徒の学習の実態や教材の改善点等を記入する「知識構成型ジグソー法を用いた協調学習授業　授業者振り返りシート」（以下、振り返りシート）の2種類のフォーマットによって、授業づくりにおいて重要な観点を共有することを試みています。最初に授業づくりに取組んでみるとき、この型の授業づくりのポイントはどこかが疑問かもしれませんが、2つのフォーマットにどんな項目があるのかをお示しすることが、1つの答えになるのではないかと思います。

　知識構成型ジグソー法の授業の主眼は、授業に参加する児童生徒一人ひとりが考えの質を上げ、理解を深めてゆくことです（協調学習）。「グローバル人材としての資質能力を育成するのだから、知識や理解ではなく、表現や思考、判断に主眼があるのでは？」と不思議に思った方もいらっしゃるでしょうか。しかし、私たちはそうした資質能力と知識理解は本来結びついている

162

第2章　知識構成型ジグソー法による協調学習の授業づくり

ものだと考えています。児童生徒が友だちとやりとりしながら、部品を見直して使いながら、授業をとおして課題について理解を深めてくれたとしたら、それはコミュニケーション力や協調問題解決力が使われたことの証左であるはずです。これらの資質能力を使って学ぶことをとおして、教科内容についての考えの質が上がると共に、資質能力も伸びてゆきます。また、こうした資質能力を伸ばすためのやりとりを授業の場で引き起こすには、教科の本質に迫る課題が必要である、その点でも両者は結びついていると考えます。

　一言で言えば、知識構成型ジグソー法による協調学習の授業づくりは、徹底的に児童生徒の学びを問題にする授業づくりです。授業デザインの際には、児童生徒の学びの道筋をシミュレートしながら、児童生徒の既有知識、期待する解答とその具体的な表現の例、学びを引き出す問い、提示する部品の対応を丁寧に検討していきます。そして実践後には、児童生徒の学びの事実に基づいて、実践を振り返り、次の実践につなぎます。

　次ページから授業案と振り返りシートの実際をご紹介します。記入例は、過去の実践を基に CoREF が一部修正・加工して作成したものです。

163

第2部　知識構成型ジグソー法による協調学習

東京大学 大学発教育支援コンソーシアム推進機構（CoREF）
知識構成型ジグソー法を用いた協調学習授業　授業案

※本授業案は、安芸太田町立筒賀中学校 亀岡圭太教諭（当時）の教材、授業案を基に CoREF が
後日一部修正・加工したものです。

授業日時	2013 年 10 月 4 日	教科・科目	理科（＊高校の場合は「化学基礎」など実施科目を記入）
学年・年次	2 年	児童生徒数	9 名
実施内容	生命を維持する働き	本時／この内容を扱う全時数	2/12
教科書及び教科書会社	啓林館『未来へ広がるサイエンス　2』		

授業のねらい（本時の授業を通じて児童生徒に何を身につけてほしいか、この後どんな学習につなげるために行うか）

　本単元では、生命を維持するための動物の身体の仕組みを、体内の諸器官のはたらきに注目して学習する。本時は、単元の導入段階として、1 つの栄養素に着目し、食物が生命維持のための栄養素として体内で消化吸収される過程を「目的・機能・方法」の 3 つの側面から多面的に理解させることがねらいである。1 つの栄養素の消化吸収の全体像を自分なりにとらえてみる経験を、今後単元の学習の中で取り扱う各器官の名称や機能をそれぞれ把握するだけでなく、様々な事項を関連づけて「生命を維持するための仕組み」として統合的に学習していくための基礎としたい。

メインの課題（授業の柱となる、ジグソー活動で取り組む課題）

デンプンの消化と吸収の仕組みを説明しよう

児童生徒の既有知識・学習の予想（対象とする児童生徒が、授業前の段階で上記の課題に対してどの程度の答えを出すことができそうか。また、どの点で困難がありそうか。）

　口から入った食べ物が、内臓を通る間に消化・吸収されることは、ほとんどの生徒が知っていると考えられる。「消化」については、「どろどろに溶かすこと」くらいのイメージだろう。小学校での既習事項から、ご飯などに含まれるデンプンがだ液のはたらきで糖に変わることを覚えている生徒もいるかもしれないが、「デンプンから糖への変化」と「消化」は結びついていないと考えられる。資料の情報を比較検討することを通して、「消化」というものを「別の物質に変えること」ととらえ直すことができるかが学習のポイントになるだろう。

期待する解答の要素（本時の最後に児童生徒が上記の課題に答えるときに、話せるようになってほしいストーリー、答えに含まれていてほしい要素。本時の学習内容の理解を評価するための規準）

①消化の目的（栄養素を取り込む）、②機能（別の物質に変える）、③方法（歯や消化酵素を使う）の 3 つの側面から、総合的にデンプンの消化と吸収の仕組みを把握していると判断できる説明
例）デンプンは歯や消化酵素のはたらきによって、粒が小さくて水に溶けるブドウ糖に変えられ、小腸で毛細血管に取り込まれて体中に送られ、身体の成長や運動に使われる。

各エキスパート＜対象の児童生徒が授業の最後に期待する解答の要素を満たした解答を出すために、各エキスパートで抑えたいポイント、そのために扱う内容・活動を書いてください＞

164

第2章　知識構成型ジグソー法による協調学習の授業づくり

A「デンプンの変化」
デンプンは様々な消化酵素のはたらきで、少しずつ分解され、最終的にブドウ糖という物質に変化する

B「吸収」
人間は小腸で栄養素を吸収し、血液で全身の細胞に送る。吸収できるのは小さくて水に溶ける栄養素だけである。

C「栄養素の大きさ」
デンプンはブドウ糖からできているが、デンプンとブドウ糖では性質が違う。デンプンの粒はブドウ糖の粒よりずっと大きく、水に溶けない。ブドウ糖は水に溶ける。

ジグソーでわかったことを踏まえて次に取り組む課題・学習内容

たんぱく質や脂肪の消化と吸収の仕組みを予想してみる

本時の学習と前後のつながり

時間	取り扱う内容・学習活動	到達して欲しい目安
これまで	日常経験 食べ物の消化と吸収（小6理科） 身体に必要な栄養素（小5家庭科）	人や動物はものを食べて栄養素を取り入れて生きている。主な栄養素には、でんぷんなどの炭水化物、脂質、たんぱく質、無機質、ビタミンがある。人や動物の身体には、食物から栄養素を取り入れるために細かくしたり、吸収しやすいものに変えたりする仕組みが備わっている。
前時	動物の食物と身体のつくり	動物は食べる食物に応じた身体のつくりを持っている
本時	デンプンの消化と吸収の仕組み	デンプンは歯や消化酵素のはたらきによって、粒が小さくて水に溶けるブドウ糖に変えられ、小腸で毛細血管に取り込まれて体中に送られ、身体の成長や運動に使われる
次時	たんぱく質や脂肪の消化と吸収の仕組み	たんぱく質と脂肪も、デンプンと同様に消化酵素などのはたらきで粒が小さくて水に溶ける物質に変えられ、小腸で組織内に取り込まれて体中に送られ、身体の成長や運動に使われる。ただし、使われる消化酵素や変化のプロセス、最終的に吸収される際どんな物質に変化しているかはそれぞれ異なる。
この後	呼吸、血液循環、排出	消化吸収と同様に、呼吸・排出も、必要な物質を取り入れ運搬し、不要な物質を排出するために動物の身体に備わった仕組みの一環である。

上記の一連の学習で目指すゴール

消化吸収・呼吸・排出という3つの身体機能について、血液循環を仲立ちとして必要な物質を取り入れ運搬し、不要な物質を排出するために動物の身体に備わった仕組みとして関連づけて理解する。

165

第2部　知識構成型ジグソー法による協調学習

本時の学習活動のデザイン

時間	学習活動	支援等
（事前）	「デンプンの消化と吸収の仕組みはどのようになっているか」を予想する	前時の最後に書かせ、どのような予想があったかを記録しておく
5分	<導入> ・課題についてクラスの事前の予想を知る ・本時の課題「デンプンの消化と吸収の仕組みを説明しよう」を確認する ・本時の活動の流れを説明する（スライド掲示）	・前時の予想を紙に印刷して配り、課題について多様な考えがあることを知らせる ・授業を通して課題を黒板に掲示しておく ・課題に答えを出すためのヒントを分担して取りにいき（エキスパート）→その後班で3つのヒントを手がかりにして、考えを出し合って課題に答えを出す（ジグソー）という流れで進める旨説明する。
10分	<エキスパート活動> ・資料を読んで、小問に答えを出す。	・わかったことやわからなかったことを次のグループで伝えられるよう準備しておく必要があることを伝える。
20分	<ジグソー活動> ・班で「デンプンの消化と吸収の仕組みを説明しよう」の課題の答えを考え、ホワイトボードにまとめる。	・絵や図を使ってもよいことを伝える。 ・メンバー全員が納得できる答えを出すことを目標にするよう伝える。
10分	<クロストーク> ・各班で見えてきた答えを発表し合い、聞き合う	・使われたキーワードや図の特徴に簡単なコメントをするなどして各班の答えの差異への注目を促し、聞き合いを支援する
5分	<まとめ> ・「デンプンの消化と吸収の仕組みはどのようになっているか」について、各自でワークノートに説明を書く。	・絵や図を使ってもよいことを伝える。
（宿題）	「たんぱく質や脂肪の消化と吸収の仕組みはどのようになっているか」を予想する	

グループの人数や組み方

男女混合の3人班。
今回は、授業開始時は普段の生活班（3人班）で着席→各班で誰がどの資料を担当するかを決めさせ、分担してエキスパート班にヒントを探しに行く→席を指定し、エキスパート班に移動する→エキスパート後、生活班に戻ってジグソー活動という流れで進める予定。

第2章　知識構成型ジグソー法による協調学習の授業づくり

《実践後の振り返り》

1. 児童生徒の学習の評価（授業前後の変化）
（1）3名の児童生徒を取りあげて、同じ生徒の授業前と授業後の課題に対する解答がどのように変化したか、具体的な記述を引用しながら示して下さい。実技教科等で児童生徒の直接の解答が取れない場合は、活動の様子の変化について記して下さい。

生徒	授業前	授業後
1	口で細かくして、胃に入る。そして、胃で、もっと細かくなった食べ物が腸にいき、そこで体内に取り入れながら進んでいく。 ⇒③のみに言及した説明	「消化」は、腸で吸収するためにすることがわかった。デンプンのままでは、大きすぎるので、でんぷんより小さいブドウ糖に変えるために消化することがわかった。胃だけでなく、口、食道、十二指腸、小腸、大腸で消化されている。 ⇒授業後には①、②、③の3つの要素に言及した説明になっている。「胃だけでなく」から、授業前から持っていた③の知識を見直し深めたことがうかがわれる。
2	口の中で食べ物をかむ。そしてのみこむ。のみこむとき、食道を通る。食道を通ったら胃にいく。胃にいったとき、飲み込んだ食べ物は有機物と無機物に分かれる。いらない栄養は、小腸を通る。そして、大腸を通る。大腸を通るとき、便になる。そして出てくる。 ⇒③のみに言及した説明	食物を消化するのは、胃だけでなく、口でかんでいる時からでした。デンプンは消化するとき、粒の大きさが大きいので、ブドウ糖に変えられて体内に吸収されることがわかった。他にも、他の物質に変わることがわかった。 ⇒授業後には②と③の側面に言及し、①にも触れて説明できている。「粒の大きさが大きいので」という記述から、消化の目的と機能（①と②）を自分で結び付けられたことがうかがわれる。
3	ご飯など、デンプンを含んでいるものを食べて、胃で消化される。大腸など、いろんなところにまわっていくうちにどこかで吸収されて体内に取り入れられる。 ⇒③のみに言及した説明。	食べ物を口でかんでいる間にだ液がデンプンをブドウ糖に変えます。このはたらきをするのを消化液といいます。ブドウ糖は大切な栄養素です。色は同じでも大きさが違います。デンプンは大きいから水にとけないけど、ブドウ糖は小さいので水にとけます。ブドウ糖は主に小腸で吸収されます。小さい栄養素だけが小腸の粘膜を通過し、毛細血管に入ることができます。 ⇒授業後には②と③の側面に言及し、①にも触れて説明できている。「小さい→水に溶ける→吸収」というところから、「血液に栄養素が溶けるイメージ」を描いたことがうかがわれる。

（2）児童生徒の学習の成果について検討して下さい。授業前、授業後に生徒が答えられたことは、先生の事前の想定や「期待する解答の要素」と比べていかがでしたか。

　授業前には食物が体内で胃をはじめとする消化器官を通過することには言及できていたが、それぞれの消化器官の機能や消化の目的に着目できた児童はほとんどなかった。授業後には9名中5名が期待する解答の要素3つをふまえた説明を書いており、「消化」というものを「別の物質に変えること」ととらえ直すことができたことがうかがわれる。これは、ある程度高い成果と言える。ただし、授業後の説明は、やや3つの側面を羅列的に文章にした印象を受ける点が勿体無かった。

2. 児童生徒の学習の評価（学習の様子）
　児童生徒の学習の様子はいかがでしたか。事前の想定と比べて、気がついたこと、気になったことをあげてください。

167

第 2 部　知識構成型ジグソー法による協調学習

　　エキスパート活動である程度資料を読めているようだったので、ジグソーでは自分たちの言葉で「デ
ンプンの消化吸収の仕組み」の説明をまとめられるだろうと思っていたら、情報共有のあと、自分たち
の言葉を脇へ置いて、各資料から文章を抜き出して答えらしい説明文を書こうとした班が出てきた。生
徒が「答えらしい文章表現や用語」を重要視していることがよくわかった。逆に、絵や図を書く班は少
なかった。「答えらしく整っていなくてもいいから、自分の考え、しっくりくるイメージを文でも絵で
も図でも好きな方法で表現してみる」よう支援すべきだった。

3. 授業の改善点
　　児童生徒の学習の成果や学習の様子を踏まえ、次の 3 点について授業の改善点を挙げて下さい。
　（1）授業デザイン（課題の設定、エキスパートの設定、ゴールの設定、既有知識の見積もりなど）
　（2）課題や資料の提示（発問、資料の内容、ワークシートの形式など）
　（3）その他（授業中の支援、授業の進め方など）

　（1）授業前後の生徒の解答を見ると、課題やエキスパート、期待する解答の設定は生徒たちにとって
適当だったのではないかと考える。課題への事前の解答として、ロ→胃→腸のように消化器官の名前と
結びつけて食べ物の移動する道筋を説明する解答が多かったのがやや意外だった。「胃や腸のはたらき
でどろどろに溶かす」といったイメージを表現するかと考え、そのイメージに消化器官や消化液の名前
等の用語を結び付けていってもらうという学習プロセスを想定して授業をデザインしたが、消化器官や
消化液の名前を覚えているのであれば、その言葉を使って「食べ物がどのように変化していくのかをイ
メージする」ほうに焦点を絞ったほうが効果的だったかもしれない。

　（2）エキスパート資料の難易度は高めに設定したが、多くの生徒が各資料のポイントをジグソーで伝
えることができていた。ポイントを自分の言葉でまとめるための問いをつけたのが効果的だったのでは
ないかと考えられる。
　　生徒に自分で考えてもらうためにジグソー活動のワークシートにまとめ方の指定や足場かけをしな
かったことが、かえって「答えらしい文章表現や用語への拘り」を生んでしまったかもしれない。最終
的に文章を書くことの得意な 1 人の生徒に任せるグループも出てしまった。
　　ジグソー活動では人体解剖図のようなものに重要な情報や矢印等を書き込んで図でまとめる活動を
行わせる、「でんぷん」「糖」など分解できる教具を渡す、ICT 機器を活用するなどで、「食べ物が何に
よってどのように変化していくのかのイメージを表現したり確認したり」という活動を引き起こせるよ
うな工夫ができるとよかった。ただ、授業実施のタイミングをもう少し後にずらし、イメージの部分は
映像教材などを用いて教えたうえで、単元のまとめとして習ったことを文章で説明できることを狙うな
ら、このままの教材でも効果的な学習が期待できるかもしれない。

　（3）時間配分などはおおむねよかったように思う。一通り説明したのだが、活動の流れや各活動の目
的がわかっていない様子の生徒もいた。初めての「知識構成型ジグソー法」による授業だったので、活
動の流れと目標は板書しておいて常に意識できるようにしてもよかったかもしれない。
　　クロストークの際、生徒が熱心にメモをとっていたので、実物投影機などで発表の仕方も工夫すれば、
表現の比較検討により役立ったのではないかと考えられる。

168

第２章　知識構成型ジグソー法による協調学習の授業づくり

２．授業案の項目からみる授業デザインのポイント

　まず授業案についてです。授業デザインの検討、共有の過程においては、実施を想定する児童生徒が授業前にどんな課題にどんな知識を活用できる状態にあり、その児童生徒を一連の授業をとおしてどんな状態へと変容させたいかについての情報を明確にすることがもっとも重要になります。図2-1に本時のデザインに関する項目とその内容を示します。

　これら５つの項目が、本時のデザインに関する部分です。上から順番に埋めていく、というよりは、児童生徒が授業でどんな風に学んでくれそうかを想定しながら５つの要素の対応を検討し、本時で起きてほしい学びのイメージをクリアにしていくことを想定しています。また、授業前に問いを出されたとき、子どもたちはまずどんな反応を返してくれそうか、提示する予定の部品は、問いによりよい答えを出すための手がかりとして使ってもらえそうか、こうした児童生徒の反応は、ときに第三者のほうが想像しやすいことも

図2-1　授業案の本時のデザインに関する項目

項目	内容
授業のねらい	児童生徒に本時の授業をとおして何を身につけてほしいか、この後のどんな学習につなぐために本時を設定するか
メインの課題	ジグソー活動で取組む課題（授業の柱となる課題）
児童生徒の既有知識・学習の予想	授業を受ける児童生徒が授業前の段階でメインの課題に対してどんな答えを出すことができそうか、学習のプロセスにおいてどんなところにハードルがありそうか
期待する解答の要素	本時の最後に児童生徒一人ひとりがメインの課題に答えるとき、その答えに含まれていてほしい要素（＝本時の学習内容の理解を評価するための規準）
エキスパート	児童生徒が課題に対して期待する解答の要素をふまえた答えを出すために、各エキスパートで理解してほしいポイント、及び、そのポイントを理解するために提示する資料や、行う活動

169

第2部　知識構成型ジグソー法による協調学習

図2−2　前後の授業との関連に関する項目

項目	内容
ジグソーでわかったことを踏まえて次に取組む課題・学習内容	メインの課題に取り組むことをとおして学んだことを確認、応用し次の学びにつなぐための課題
本時の学習と前後のつながり	本時で扱う内容の理解が、前後の授業、更には単元や学年を超えてどのように深まっていくことを想定するか

あります。様々な他者の目線に頼りつつ、教材研究を深めていきます。

　続いて、前後の授業との関連です。潜在的な学びの力が引き出されたとき、学びはチャイムとともに終わらず、様々な関連する学習とつながり、組み合わさり、深まっていく活動になります。そこで、協調学習の授業づくりにおいては、本時だけを考えるだけでなく、本時の先に何を学んでもらいたくて本時を設定しているのか、これまでのどんな蓄積のうえに本時を設定するのか、本時と前後の学習のつながりも明らかにしておく必要があります。それにより、どんな児童生徒がどんな風に学び変容していくことを想定しているのかがより明確になります。図2−2に示す授業案2ページ目の項目は、そうしたつながりを検討する項目です。これらに続き、授業案の最後には、本時の学習活動の展開やグループの組み方についての欄も設けられています。

3．振り返りシートの項目と振り返りのポイント

　次に、振り返りシートです。私たちの考える授業の振り返りとは、児童生徒の学びの事実をもとに、授業デザインの成果や課題を明らかにすることです。授業前にどんなことを表現できる児童生徒が、授業を経てどんなことを表現できるようになったのか、授業前後の理解の変化を具体的なデータに基づいて把握すれば、児童生徒の視点やこだわりのありか、多様な納得の仕

第2章　知識構成型ジグソー法による協調学習の授業づくり

図2−3　振り返りシートの項目

項目	内容
児童生徒の学習の評価（授業前後の評価）	３名の児童生徒を取り上げ、同じ生徒の授業前後の答えを書き写す、写真で添付するなど、学びの客観的根拠となる生データを提示し、授業前に計画しておいた「期待する解答の要素」をもとに授業前、授業後それぞれの解答を評価・分析
児童生徒の学習の評価（学習の様子）	授業中に観察できた児童生徒の学習への参加について、事前の想定と比べて気になったことを記述
授業の改善点	２つの観点から児童生徒の学習を評価してみた結果をふまえ、授業デザイン・児童生徒に提示した教材・授業中の支援の３つの観点から授業の改善点を記述

方、などなど、一人ひとりの頭の中でどのような学びが起こっていたのかを想定することができます。これをもとにすれば、主観的な手応えや反省を超え、自身の授業デザインの諸要素が子どもの学びにどう影響しているかをある程度客観的に明らかにすることが可能です。そして、次に授業をするときには、授業デザインに活用できる知識の質が少し上がり、学びのシミュレーションの精度が上がります。そうすれば、児童生徒に提供できる学びの質も上がります。知識構成型ジグソー法による協調学習の授業づくりで目指しているのは、こうした振り返りを授業づくりの一部に確実に位置づけ、学びの質を継続的に上げていくサイクルを回すことです。

　そこで、振り返りシートは、児童生徒の学習の評価を見取り、それをもとに改善点を検討するという形式になっています。

　以上、２種類のフォーマットの概要を紹介しました。お気づきの方もいらっしゃるかもしれませんが、実は、知識構成型ジグソー法は、児童生徒の学習を見取るしかけがあらかじめ組み込まれた手法になっています。授業前後に児童生徒一人ひとりでメインの課題に答えを出してみるステップは、協調学習が起きやすい環境をつくるための仕掛けであると同時に、授業前後の理解の変化を評価するための仕掛けでもあります。エキスパートやジグソー

171

第 2 部　知識構成型ジグソー法による協調学習

のグループ活動も同じで、児童生徒がやりとりをとおして考えを深めやすい
環境をつくるための仕掛けであると同時に、あまり考えを外に出さない児童
生徒の声に触れ、学習のプロセスを見取る仕掛けにもなっています。

　授業案と振り返りシートのフォーマットは、知識構成型ジグソー法の仕掛
けを活用し、指導と評価を一体のものとして、児童生徒の学びを見取りなが
ら伸ばす授業づくりのポイントを共有するための書式ということになりま
す。

第3章　実践事例の紹介と分析

第3章
実践事例の紹介と分析

　本章では、3つの実践例を取り上げ、知識構成型ジグソー法の活用可能性と、児童生徒の学習の実態を、様々な角度から見てみたいと思います。なお、登場する子どもの名前は仮名、引用中のカッコは引用者による注です。

1．考えを磨き合い個々の納得を追求するやりとり－小学校算数の事例－

　本節では、「複合図形」を主題とした算数の授業を題材に、児童一人ひとりが主体的に自分の納得を探る相互作用の様子を見てみたいと思います。

①　授業のデザイン

　「複合図形」の授業デザインは図3－1のとおりです。この授業では、複合図形の面積を求める方法を式と言葉を結びつけて理解し、様々な方法の共通点（コツ）を把握させることがねらいでした。

　授業は小学校4年生18人を対象に行われました。これは実践者の担任級ではなく、同一中学校区の4つの小学校の児童で構成されたクラスです。この実践が行われた自治体では、学期に数回合同授業を行っています。限られた授業時間を有効活用するため、授業は事前学習などを活用して柔軟に展開されました。

　事前学習では、児童にL字型の課題を配布し、「自分の考えを1つ考えてきてください。わからないときはとちゅうまででいいですよ」という指示で自由に課題を考えさせました。10名は何らかの方法で正答を出せましたが、児童の用いた考え方はAが7人、Bが2人と、マス区切りが1人で、考え方CやDに気づいた児童はいませんでした。

173

第2部　知識構成型ジグソー法による協調学習

図3－1　「複合図形」の授業デザイン

課題	右図のような形の面積を求める方法を4人の人が考えました。それぞれの考え方（式）にふさわしい名前をつけて、複合図形の面積の求め方のコツをキーワードでまとめましょう。		
考え方A	$8 \times 4 = 32$ $4 \times 6 = 24$ $32 + 24 = 56$	考え方B	$8 \times 10 = 80$ $4 \times 6 = 24$ $80 - 24 = 56$
考え方C	$8 \times (10 + 4) = 8 \times 14 = 112$ $112 \div 2 = 56$	考え方D	$8 \times (4 + 3) = 8 \times 7 = 56$
期待する解答の要素	長方形（これまでに学習した図形）をみつけて、足したり、引いたり、2で割ったりすれば、求められる。		
発展課題	① ②　　　　　　　　　左の図形の面積を求める		

　また、正答にたどりつけなかった児童も8人いました。授業を受けた子どもたちは長方形の求め方を既に学習していましたが、いざ課題を出されたときに既習事項を活用して様々な求め方を工夫することはやはり難しかったようです。こうした開始時の実態を考えると、本時の課題はレベルの高いものだったと言ってよいでしょう。

　授業では、まず導入で、課題のイメージを明確に伝えるため、「考え方（式）にふさわしい名前をつける」活動を全体で行いました。事前に多くの児童が用いていた考え方Aを取り上げ、「2つの長方形に分けて面積を求

174

め、足し算する」という方法について全体で確認し、考え方Aに「長方形に
わけて、足し算方式」という名前をつけました。

　その後、エキスパートグループに別れ、考え方B・C・Dの式を見て、図
と対応させながら、どういった解き方なのかを言葉にしてみる活動を行いま
した（図3-1の『考え方』の図は、子どもたちに言葉にして欲しいポイント
を図式化したものです）。続いてジグソーに移り、B・C・Dの考え方を確
認しながらふさわしい名前をつけ、複合図形の面積の求め方のコツをキー
ワードでまとめて短冊に書き込みました。更に、次時には、ドーナツ型と三
角形の2つの複合図形の面積を求めるという発展課題に取組みました。

② **授業の成果**

　一連の活動を終えた段階で、児童の到達度はかなり高いものでした。ジグ
ソーでは全てのグループで3つの方法に適切な名前をつけることができまし
た。また、発展課題では、18人中15人がどちらかの問題に、10人中8人は両
方の問題に、時間内に正答することができました。正答できなかった3人の
学習者の記述からも適切な方針で取り組んだ形跡（課題①の外側の正方形を
求める、課題②を2つ分にして長方形を作った図を描くなど）が確認できて
います。更に、子どもたちは発展課題を1つの方法で解いただけにとどまら
ず、様々な考え方を試しています。課題①では5人、課題②では11人もの学
習者が、2つ以上の方法で課題に取り組んでいました。授業で扱った4つの
方法全てを使った学習者も4人いました。

　知識構成型ジグソーによる一連の活動を経てこうした成果が生まれたとい
うことは、子どもたちがコミュニケーション力、コラボレーション力、他者
の考えを取り入れながら新しい答えをつくるイノベーション力といったスキ
ルを使い、自分の考えをよくしていったのだ、と考えることができます。

③ **一人ひとりの納得のための相互作用**

　それでは、こうした成果をもたらす学びの実態はどのようなものだったの
でしょうか。ジグソー活動における学習の特徴を分析した結果として、ある
特徴が指摘できそうです。それは、子どもたち一人ひとりが自分なりの納得
を求めて自由に探究を進めているということです。そして、それぞれの納得

第2部　知識構成型ジグソー法による協調学習

の追求が互いの探究を前に進める助けにもなっているということです。
　話し合いの具体例を見てみましょう。以下は、ジグソー活動前半のあるグループの様子です。エキスパートで「元の図形2つ分で大きい長方形の面積を求め、最後に÷2をする」という方法を担当したたくや君が説明を始めています。この方法は3つの方法の中で比較的難しく、実践者の事後コメントによれば、エキスパート活動では「同じ図形を2つ使っている」というポイントをつかむのにかなり時間を要したとのことでした。

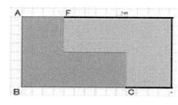

たくや：ぼくはまず（資料の向きを変える）ここの、あいているところに、これだと考えづらいから、「複合図？」だと考えづらいから、線をひいて長方形にしました。で、次に、ここを全部合わせると14cmになるから、4＋10。そしたら、ここは1、2、3、4、5、6、7、8（1㎠のマスの数をかぞえている）だから、8×14＝112になって、最後に112÷2をして、答えは56㎠になりました。
りゅう：はい質問。なんで2が出たの。どうやって2が出るの（身を乗り出す）
えみ：ああ、確かに。
りゅう：（参観の先生にたしなめられて）質問攻めじゃけぇ。
たくや：（資料を自分のほうに向け直してしばらくじっと考える。突然ポンと手を打って）あ！この形（L字型）を2つ合わせたから2個になって、で、それを1つにしようとしたから、112÷2＝56になったの。
えみ：あー、わかりましたぁ。
りゅう：わかりました。

　たくや君は、実際に図形と対応する数値について、式に示された考え方を

ひととおり適切に説明することができています。しかし、りゅう君は納得できず、質問をしています。彼の鋭いつっこみは、たくや君にとっては、「一応説明できた」を超えて、自分の考え方を見直し深めるチャンスになりました。りゅう君の素直な質問を受けて改めて考えなおした結果、L字型を「2つ合わせた」ものを、あとから「1つにしようとした」という形で式に示された考え方を言語化することができました。上で検討した場面におけるたくや君の発言は、そもそもそのまま正解としてもよいようなものです。もしこの発言が一斉授業の場で出されたのであれば、教師がそれを取り上げて確認し、より洗練された言葉にまとめて「わかりましたね」と授業を終えることもできるでしょう。しかし、他者が「わからない」と言ってくれることで、正解の先へ向かう意欲的で自律的な学習が生まれ、そうした学習が結果としてより深い納得を引き出すことがあるのも、また事実です。

　また、えみさんはりゅう君の質問を聞いて「ああ、確かに」と、自分では見逃していた疑問点に気づくことができています。そして、たくや君の答えをきいて「わかりました」と言っていますから、2人のやりとりに同調し、一緒に考えることが、彼女にとって納得のチャンスになったことがうかがわれます。この場面は、「エキスパートの報告」の場面なのですが、子どもたちは互いの報告をそのまま受け入れて次へ進むわけではなく、納得できないところを素直に質問したり、質問を受けてさっき終わったはずのことをもう一度見直したり、別の子に同調して一緒に話を聞いてみたり、そういったやりとりをとおして、個々の納得に向かっていることがわかります。

　自分なりの納得を追求した経験は、知識を活用しようとする姿勢も育てます。この3人の発展課題への取組の様子を見てみると、りゅう君とえみさんが4種類全ての方法を使って2つの発展課題に正解しており、たくや君も3種類の方法を使って2つの発展課題の正答にたどりついていました。一人ひとりが自分なりの納得を追求する話し合いを経て、彼らは授業で提示された色々な方法を、新しい問題の解に自分で応用することができたということです。更に、実践者によれば、各校に戻って進めた次時以降の授業において、複合図形の求積に取り組む際、「これは〇〇方式」と、この時付けた名前を

第2部　知識構成型ジグソー法による協調学習

手掛かりに方針をたて、「かんたーん」と言いながら解いている様子もみられたとのことです。

　おそらくこうした学びの経験のなかに、子ども一人ひとりが持っているはずのグローバル人材としての資質や能力が使われ、伸びる契機はたくさん隠れているでしょう。たくや君、りゅう君、えみさん、スキルをどんな風に使うかには、それぞれの個性があるように見えます。私たちは、こうした実践例をふまえ、子どもたちの学習がこのように個性豊かなものであり、ときに私たちが思う「正解」を超えて深まり広がる可能性を持った営みであることを意識しながら、その学習を効果的に支援しうる学習環境のあり方を探っていく必要があるのではないかと考えています。

　（本項で扱った実践は、広島県安芸太田町立修道小学校（当時）萩原英子教諭による2011年度の実践です）

２．こだわりと向き合い知識を自分のものにする－中学校理科の事例－

　本節では、「水溶液の電気分解」を主題とした理科の授業とその授業を受けた生徒の定期考査での成績を題材に、知識構成型ジグソー法の授業における知識の定着の状況を見てみたいと思います。

① 授業のデザインと学習成果

　授業デザインは図3－2のとおりです。この授業では、塩酸の電気分解をイオンの移動と、電子の授受に着目してイメージさせることをねらいました。

　授業は中学校3年生26人を対象に行われました。生徒は塩酸の電気分解を

図3－2 「塩酸の電気分解」の授業デザイン

課題	塩酸に電流が流れるのは、なぜかを図にしてみよう
エキスパートA	陽イオンの成り立ち
エキスパートB	陰イオンの成り立ち
エキスパートC	原子のつくり
期待する解答の要素	水溶液中のイオンの移動と、両極での電子の授受に着目して、電圧を加えたとき電流が流れる理由を説明する

第３章　実践事例の紹介と分析

図3-3　「塩酸の電気分解」を受けた生徒が描いた授業中に描いた説明図

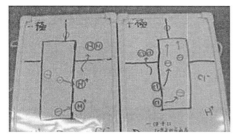
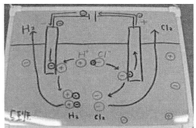

　前時に実際にやってみて、電圧をかけると電流が流れること、−極から気体が発生することを観察し、授業に臨みました。本時は２時間扱いで、前時の実験結果と、２年生で学んだ電気回路について復習し、電流の正体は電子であり、滞りなく電子が移動することで電流が流れることを確認して、活動に入りました。結果、ジグソー活動では、どの班も電子の移動がポイントであることに気づき、クロストークでは課題の答えを適切な図にまとめて発表することができました。図3-3に示すのは、生徒が描いた説明図の例です。

　各班の作った図は少しずつ着眼点が異なっており、自分たちなりの視点でイオンや電子の流れをイメージしていることが窺われます。左側の図は、陽極陰極のそれぞれで何が起こっているかに着目した図になっており、右は塩酸の電気分解の全体像を描いた図になっています。こうした着眼点の違いは、この図が資料中の図を写したとか、教科書の説明図を覚えている生徒がいてそれをそのまま再現したとかではなく、生徒たちが授業の場でイオンのイメージをそれぞれ思い描きながら、１つの図を完成させていったことを示しているでしょう。

　目に見えないイオンや電子の動きを図式化するというのはかなり難易度の高い課題ですが、全てのグループが陰極陽極での物質の発生と電子の授受については、正しく図式化していたところから、生徒たちは、授業者のねらいに到達することができたということになります。

② 授業で獲得された知識の定着

　では、生徒たちの知識はどのように定着していたでしょうか。授業終了後

179

第2部　知識構成型ジグソー法による協調学習

1カ月半後に行われた定期考査の結果を見てみましょう。まず、授業と同じ「塩酸に電流が流れる理由を、図式的に説明する」設問について、生徒がどのくらい答えられたかを確認します。

前述したとおり、この問題は難易度が高いですから、普通であれば、無回答という生徒も多くいそうです。ところが、何も描かなかった生徒は答案を提供いただいた23人のうちわずか2人でした。

また、完全な説明図を描けた生徒は8人でした。実践者は「もし、昨年度も今年度のような問題を出していたら、正答率は10％未満になるような気がする」と述べ、この正答率を「高い」と評価しています。授業後1カ月以上を経ても、イオンのイメージは実践者の期待を超えて生徒たちに定着していたということになるでしょう。

図3-5に生徒が描いた説明図の例を示します。どちらの図も、溶液中に電離していた水素イオンと塩素イオンが、電圧をかけたときに起こった電子の移動を受けて電極で電子を授受し、気体が発生する、その繰り返しで電流が

図3-4　「塩酸の電気分解」の授業を受けた生徒の定期テストの解答の様子（N＝23、単位は人）

陰極陽極での物質の発生		電子の授受	
完全	不完全	完全	不完全
8	10	9	10

図3-5　「塩酸の電気分解」の授業を生徒が定期テストで描いた説明図

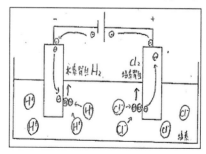
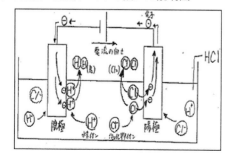

第3章　実践事例の紹介と分析

流れるのだということを適切に表現できています。

③　**授業で獲得された知識の応用**

　もう少し詳しく、生徒の知識の定着の実態に迫ってみましょう。次は、一斉授業を受けた生徒との成績とも比較しながら、少し違う問題に対して知識を応用できるかに着目します。

　図3-6に示すのは、定期考査における別の設問2問の正答率を、昨年度に一斉授業の形でイオンの単元を学習した生徒のものと比較した結果です。2つの設問は「塩化銅の電気分解」に関するものです。右列に今年度、左列に昨年度の生徒の正答率を示しています。

　図からは興味深いことが明らかになっています。知識構成型ジグソー法による授業を受けた生徒たちは、現象の理由を文章で説明することを求める設問という、難易度の高いはずの設問において前年度比2倍近く高い正答率を示したのです。一方、実験結果の確認といった難易度が低いとみなされる設問の正答率は、昨年度の生徒と同程度という結果です。このことは、生徒自身が自分でイメージをつくっておくと、現象の背後にある理屈が自分のものになりやすいこと、そしてその理屈は少し違う問題を考えるのにも応用できる知識として定着しやすいことを示しているのではないでしょうか。

　「塩化銅の電気分解において電流が次第に流れなくなる理由を説明する」という課題は、溶液中のイオンが電子の授受によって塩素分子と銅になることで減っていくという電気分解のイメージを言葉にすることを求める問題で

図3-6　定期考査における正答率の比較

設問の内容	正答率（%）	
	2011 （N=13）	2012 （N=25）
1 塩化銅の電気分解の実験結果を確認する小問（4問。正答率は平均）	62.5	61
2 塩化銅の電気分解において電流が次第に流れなくなる理由を文章で説明する	33.3	64

第2部　知識構成型ジグソー法による協調学習

す。授業で扱ったのは塩酸の電気分解でしたので、これは授業の応用問題ということになります。授業で学んだことを授業の外に持ち出して、問題に即して見直して、柔軟に応用できるか、ということが問われているわけです。授業で描いたイオンや電子の流れの図式的なイメージが活用できる知識として自分のものになっているかを問うていると言ってもよいかもしれません。こうした設問に答えが出せるということは、グローバル人材としての資質、能力を伸ばす授業は、知識伝達によってはなかなか獲得されにくいレベルの高い知識を、活用できる知識として定着させることをねらえる授業であるということにもなるでしょう。

④　**自分なりのこだわりと知識の定着**

　では、どうして、知識構成型ジグソー法の授業は、活用できる知識を定着させやすいのでしょうか。私たちは、これまでの経験から、その理由は、一人ひとりの子どもたちが自分なりのこだわりやひっかかりに十分に向きあい、それを自分で解きほぐしながら自分なりに納得してイメージを構築していくプロセスにあるのではないかと思っています。

　以下に紹介するのは、別の学校で、同じく塩酸の電気分解を主題とした知識構成型ジグソー法の授業を実践した際に、実践者が記録したジグソー活動中の生徒のつぶやきの例です。

「昨日の実験はH管でやったのに、今日はビーカーに電極を差し込んだ図で説明しないといけない。同じと考えていいのだろうか…？？？」
「水素や塩素の原子が電離してイオンになるところから説明した方が良いのか…？」
「昨日の実験では水素はたくさん発生したが、塩素はあまり出なかった。そのことも関係しているのだろうか…？？？」
「なぜこの資料には銅の原子が描かれているのか？　銅であることが今回の説明に関係しているのか？　鉄などではなく銅が描かれている理由があるのか…？？？」（※注：エキスパート資料中の例についての発言）
「塩素原子の電子配置は2、8、7だから…、それがイオンになったら2、

182

第3章　実践事例の紹介と分析

8、8…で？」
「金属の中は自由電子が流れている。水溶液中は電子が因幡の白ウサギのように次々に跳んで電流が流れているのか…？？？」

　これだけを見ても、生徒が、課題や資料について様々な彼らなりのこだわりやひっかかりを持っていることがわかります。これまでの知識伝達型の授業では、こうしたこだわりやひっかかりを言葉にして意識してみるチャンス自体少なかったですし、言葉にしてみたとしても「そこは気にしなくていいよ」とか「Ｈ管でもビーカーでも同じと考えてください」のように、教師が疑問への答えを与え、こだわりを取り除いてあげることが多かったことでしょう。こうしたとき、もしかしたら、生徒は「先生が言ったから同じと考えるけど、実はどうして同じでいいのか本当の意味で納得はできてない」という状況のまま先に進むことになってしまっていたのではないでしょうか。その結果、授業を受けたときには答えが書けても、しばらく時間がたつと答えが出せなかったり、少し問題が変わると答えられなかったりという事が起こっていたのだとも考えられます。

　それに対し、知識構成型ジグソー法のような授業は、児童生徒が自分でこだわりやひっかかりを言葉にして自覚し、やりとりをとおして自分で納得のいくイメージ、ストーリーを構築していく活動を保障しやすいという特徴を持っています。こうした活動をとおして、これまで学んだこと、資料や実験から得た新たな知識、他者の考えなどが噛み砕かれ、組み合わされて自分の知識として定着するのだとも考えられます。

　これまで私たちは、児童生徒の学びについて、「個々のこだわりやひっかかりは、学びを滞らせ、納得を阻害する要因である」というような無意識の前提を持っていたかもしれません。このように私たちが無意識に授業づくりの前提としている学習観を問い直すことも、新しい授業づくりにおいて重要なことだろうと考えています。

　（本項で扱った実践は、大分県竹田市立久住中学校（当時）堀公彦教諭と広島県安芸太田町立戸河内中学校（当時）原田優次教諭による2012年度の実

183

第2部　知識構成型ジグソー法による協調学習

践です）

3．繊細なやりとりをとおして起きるたしかな変容－低学年の事例－

　本節では、説明文『たんぽぽのちえ』を題材とした国語の授業を中心として、小学校低学年の児童を対象とした知識構成型ジグソー法の授業の様子を見てみましょう。

①　授業のデザインと学習成果

　授業デザインは図3-7のとおりです。

　題材となった説明文はたんぽぽが「花が枯れたら軸を倒して休む」「落下傘のような形の種を作る」といった「知恵」をはたらかせることによって仲間を増やしているという内容です。授業では、たんぽぽが4つの知恵を「何のためにはたらかせているのか」という課題で、理由を表す言葉に着目して本文の結論を自分の言葉で説明させることがねらいでした。

　授業は小学校2年生18人を対象に行われました。授業は単元の4〜6時間目を使っています。授業前に全文を通読し、実際にたんぽぽの観察を行ったりしたあと、3時間目には、一番複雑な「ちえ④」を扱い、「時間の順序」や「様子とわけ」にサイドラインを引いたり、表にまとめたりすることで書

図3-7　『たんぽぽのちえ』の授業デザイン

課題	四角を埋めて、たんぽぽは四つのちえを何のためにはたらかせているのか説明しよう たんぽぽはこの4つのちえを ためにはたらかせているのです
エキスパートA	ちえ①「じくをたおしてたねを太らせるちえ」
エキスパートB	ちえ②「わた毛をつくってたねをとばすちえ」
エキスパートC	ちえ③「たねをとおくへとばすちえ」
期待する解答の要素	・あちこちに種をとばすため ・仲間を増やすため

第3章 実践事例の紹介と分析

図3-8 「たんぽぽ」の授業におけるジグソー後の解答の例

たんぽぽはこの４つのちえを

| げん気なたねをつくって、まだ花が１本もはえていない町にたくさんのたんぽぽをはやす |

ためにはたらかせているのです

かれていることを整理する活動をみんなで行いました。そして、エキスパート活動では、グループごとにちえ①〜③に関する文章を同じように表に整理し、その後ジグソー活動、クロストークへと進みました。その後、作った説明をもとに「たんぽぽかみしばい」を作成、発表会をして単元終了という構成です。

② 授業の成果

　ジグソー活動後、あるグループからは図3-8のような答えが出てきました。

　この答えは２つの期待する要素を抑えていますし、文章としてもちゃんと意味が通るものになっています。最終的に各自のワークシートを見てみると、文章の完成度には差があるものの、シートを提出した14人全員が２つの要素をふまえた答えを書けていました。本文中の結論は「あちらこちらにたねをちらして、あたらしいなかまをふやしていくのです」となっています。それと比べたとき、子どもたちが教科書の結論と矛盾しない結論に自分たちでたどりつけたこと、更に、状況をいきいきとイメージし直して「げん気なたね」「まだ花が１本もはえていない町」などの自分なりの言葉をつむぎだしていることがわかります。

③ ジグソー活動でのやりとり

　一体どのようにしてこの答えがつくられたのでしょうか。図3-8の解答を作ったグループの会話を追ってみましょう。グループのメンバーは、まみさん、のぶよし君、すすむ君の３人です。まずは、ジグソー活動が始まった直後のやりとりです。

　　まみ：たんぽぽはこの４つの知恵をはたらかせて、新しい仲間を作って

第2部　知識構成型ジグソー法による協調学習

　　　　　　いくんじゃない？

のぶよし：もう1回言って。

　　まみ：たんぽぽはこの4つの知恵をはたらかせて新しい仲間を作ってい
　　　　　くの。

のぶよし：…「ためにはたらかせている」、なのに？違うんじゃない？

　　まみ：じゃ、何がいいの？…　この4つの知恵を使って、他の仲間を
　　　　　作って…

のぶよし：…「ためにはたらかせている」。

　まみさんは、この時点ですぐに「新しい仲間を作る」という、4つの知恵
に共通する目的を既にみつけています。しかしのぶよし君は、ワークシート
の欄にある「ためにはたらかせているのです」という語句にきちんとつなが
る文章を作りたいために、まみさんの答えになかなか納得できないようで
す。もう1人のメンバーすすむ君は、口数少なく、2人の話を聞いていま
す。

　ここで議論が平行線をたどっているのをみつけた先生が、「もう1回、
＜ちえ1＞に戻る？」と、それぞれがエキスパート活動で学習してきた具体
的な知恵に関する記述を参照することを促すと、3人は自分のエキスパート
資料から重要な部分を探し、自分の言葉にしながら確認し始めました。「た
ねにえいようを送ってふとらせる」、「せいを高くして風をあたらせて」な
ど、課題の答えに使えそうな言葉が少しずつ口から出てきました。

　しかし、言葉が豊かになったことで、逆に文章にまとめるのが難しくなっ
てしまったのでしょうか、授業の終わりが近くなっても3人は答えを書けず
にいました。残り時間が少なくなり、答えが書けていないのはこのグループ
だけという状態になったので、先生も心配そうに見守っています。3人も、
先生が側にきたことで、自分たちが最後らしいことを察知し、なんとか答え
をまとめようと一生懸命がんばっているようです。以下に示すのはジグソー
活動の最後の部分の会話です。

第3章 実践事例の紹介と分析

のぶよし：げんきなたねを作って、まだ花を…

　まみ：げんきなたねを作って、まだ、

　すすむ：花を、

のぶよし：見ていない国の…

　まみ：えー、町のほうがいいんじゃないの？

のぶよし：すすむ君、国と町どっちがいい？

　すすむ：町。

のぶよし：花を見ていない町や。…花がない町。花が１本もない町。

　まみ：花が１本もはえてない町に、たくさんの花を…

のぶよし：違う、たくさんのたんぽぽを…

　まみ：はえてない町にたくさんのたんぽぽのたねを、

のぶよし：たんぽぽをはやす。

　すすむ：ふやす。

のぶよし：…ためにはたらかせているのです！

　この場面では、まみさんとのぶよし君が少しずつ言葉をつなぎながら、納得のいく表現を探しています。２人の意見が分かれたときは、のぶよし君の求めに応じ、すすむ君が迷わず「町」と答え、次に進んでいます。すすむ君は普段あまりしゃべらない子ですが、彼もまた２人の話を聞きながら頭のなかで一緒に自分の文章をつくっていることが窺われます。読解力のあるまみさん、細かい語句や表現にこだわるのぶよし君、口数の少ないすすむ君、それぞれの言葉がつながって、最終的には全員が納得のいく説明文をまとめることができました。

　こうしたやりとりのプロセスは、ともすれば遠回りにも見えます。まみさんはジグソー活動が始まった段階ですでにほぼ正答にたどりついていたのだから、先生がこの言葉を拾ってまとめればもっと早くに答えが書けそうな気もします。しかし、彼らが自然なやりとりの中で自分の考えを言葉にして、友だちの考えを聞いて考えて、少しずつ着実に考えを変え、自分なりの答えをつくりだしていることもまた確かです。ここに、彼らのコミュニケーショ

第2部　知識構成型ジグソー法による協調学習

ン力、コラボレーション力、イノベーション力の確かな発露が確認できると
言ってもよいでしょう。

　一般的に、協調学習が起きているときのやりとりというものは、私たちが
「コミュニケーションかくあるべし」と思っているものとは違うことが多い
のですが、特に小さい子どもたちの場合では、ときにじれったくなるような
繊細な、あるいは大人が聞いているとすぐにはその重要性が理解できないよ
うなやりとりが、一人ひとりの理解を前に進めることがしばしばあります。

　小学校1年生で知識構成型ジグソー法の実践を重ねてきたある先生から
「私が一生懸命工夫して説明するよりも、子どもたちどうしのたどたどしい
言葉のほうが、児童が納得している。悔しい」という言葉をうかがったこと
があります。それくらい、人の学びというものは、同じように自分の頭で考
えている仲間とともに自分の頭で考え、自分の言葉で表現しながら、自分な
りの納得を探していく営みなのではないか。小さい子どもたちが見せてくれ
る協調学習の実態は、学びというものを、人の潜在的な学びの力による主体
的で協調的な知識構築の営みとしてとらえ直してみることを、私たちに求め
ているようにも思えます。

　（本項で扱った実践は、熊本県南小国町立市原小学校（当時）廣津望都教
諭による2011年度の実践です）

第３章　実践事例の紹介と分析

コラムー実践者に聞くー

大分県竹田市立竹田中学校　堀　公彦　先生

堀先生は中学校の理科で、これまで６年間知識構成型ジグソー法の授業づくりに取組んでこられました。今回、初めて授業づくりに取組む先生方に向けて、取組の様子や手ごたえ、授業づくりのポイントなどを語ってくださいました。まず、どのくらいの頻度で知識構成型ジグソー法の授業を実践されているのでしょうか。

学期に３〜４回でしょうか。単元によっては、その単元だけで３〜４回というところもあります。最初は「実験がなくてわかりづらいところを」と考えて天体の単元などで集中的に教材開発をしてきましたが、現在はどこでもやれそうな気がして、他の単元でも色々な教材を開発しているところです。

単元デザイン上の位置づけとしては、知識構成型ジグソー法で大きな流れをイメージして、細かいところは講義や実験観察で補っていくような組み合わせ方をしています。導入で大きな流れをつかんでおいて授業を進めると、細かいところもよく理解してもらえますし、逆に色々教えてから、大きなイメージで整理してまとめる、というのもいいかなと思っています。

単元の中で前後の授業との関係をふまえ効果が期待できそうなところで、しばしば実践してみる、といった感じでしょうか。実践から、どんなところに手ごたえを感じておられますか。

普段の授業であまり活躍しない子も参加して一生懸命考えているところです。集中力の切れやすい子、あきらめがちな子が粘ってやってみて、何かひらめいたときに、他の子に話したくなって、それが他の子を刺激して、相互に高め合うような作用が起きると感じます。子どもたち

189

第2部　知識構成型ジグソー法による協調学習

が授業のあと「疲れたー」といいながらすごくいい表情で帰っていく。生徒の反応がリアルに見えることで、授業をする側もやる気になります。

　本人もそうした変化を感じているので、後の学習にもつながっています。今担当しているのは、入学時には資料の読み取りが苦手な子が多い学年でしたが、自分なりに解釈して答えを出そうという姿勢がみられるようになりました。「全国学力・学習実施状況調査」でも、発展的な問題に対して、何も書けない生徒が大きく減って、なんらか考えて表現するようになりました。難易度が高い問題について全国平均より大きく正答率が高いことも多いです。

　自分の周りの情報を活用して、自分で答えをつくる、そうした主体的な学びが少しずつ自分のものになっているのですね。目指す資質能力を使いこなせるようになってきたということかもしれません。では、こうした自分で考える授業を実現するための授業づくりのポイントはどこだとお考えでしょうか。

　ポイントは、授業を作る側が教えたい内容、教材についていろんな角度から探ってみる教材研究です。教えたい内容について授業者の見方が増えれば、教材ができます。教えたい内容の核はどういうものなのか、それを子どもたちの興味をひくような問いとして提示するにはどうしたらよいかが見えてきます。当初はこの過程がかなり大変だと感じていましたが、回数を重ねるうちにこうしたやり方が自然になってきました。

　同時に生徒の学習の予想も大事です。これも「こんな教材だったらこう学んでくれるだろうな」という予想が実践を重ねるうちにできるようになってきました。知識構成型ジグソー法の場合だけでなく、普段の一斉授業でも、生徒の反応を見ながら「ここまでは任せてみようかな」といった判断が以前よりも的確にできるようになった気がします。

　基本的には、子どもがしゃべりたくなるような問いや資料を用意して、あとは待つ、というのがポイントだろうと思います。最初取組み始めた頃はグループを回ってヒントを出したりしていましたが、最近はし

第3章　実践事例の紹介と分析

なくなりました。言わなくても子どもたちは、できないなりに何とかしようとしますし、それで正しい答えが出なかったとしても、クロストークでいろんな班の答えを聞いて考え直してくれているようです。

実際に授業が最後まで終わって、もう一度メインの課題の答えを書かせると、グループで行き詰まっていた子たちがかなり書けていたりします。もちろん、完璧な正解ではないこともありますが、「ここがわからない」という実感が持てること自体が学ぶ意欲につながり、その後の学習が納得のチャンスになりやすくなる気もします。

子どもたちの学びを予想しながら教材を色んな角度から何度も見直してみて、子どもたちがやりとりしながら考えを深めていけるような問いや資料を作っていくのですね。そして、実践を重ねるうちに、予想の精度も上がってゆくということでしょうか。

最後に、これから取り組んでみられようと考えている先生方に一言お願いします。

とにかくやってみることに尽きると思います。既に多様な実践例がありますから、教材を見て「これ面白そう」と思ってやってみるのが一番いいと思います。まずはだまされたと思ってやってみて、そのうえで、子どもたちの学習の様子を、口を出さずにじっくり観察することが大事かなと思います。授業の流れや課題はしっかり説明する必要がありますが、そこから先は子どもたちに任せて、子どもたちの学習の様子からこちらが学ぶことです。最初は戸惑いもあるかと思いますが、2、3回やってみると、子どもたちも教師も慣れてずいぶん変わってきます。

大事なのは、この授業法の正しい使い方はどうだ、というようなことよりは、この授業法を使うことで子どもたちがもともと持っている自然に学んでいく力が見えてくるということだと思います。だからまたやりたくなる。ですから、とにかくまずやってみてください。

　　　　　　（このインタビューは2015年9月20日に実施されました）

第２部　知識構成型ジグソー法による協調学習

おわりに

　CoREF と自治体の連携による協調学習の授業づくりは、今年度で６年目を迎えます。ここまでプロジェクトは何を実現してきたのか、いま考えると、それは「多様性を活かし合うことで一人ひとりが前に進める」そんな学習環境ではないかと思います。

　人間はそもそも一人ひとり異なる存在ですが、私たちは普段その多様性に気づかなかったり、多様性を優劣として認識することで学び合いの契機を失ったりしがちです。「私は数学が苦手だから、自分で考えるより、わかる人に答えを教えてもらったほうがいいだろう」、「私は歴史が得意で本も多く読んでいるから、誰かと一緒に考える必要はない」そう思ってしまったら、今の場所から先へ進むことは難しくなってしまいます。

　一人ひとりが主体的、協調的に学ぶ授業というと、得意なことを分担してグループで課題を乗り越える授業というイメージもありますが、私たちが目指し、実現してきた授業はそれとは異なるように思っています。苦手なことでも自分なりの視点や表現にこだわってみれば、視野が広がり新しい考えを見出せますし、もうわかった気がしていることでも、他者とのやりとりによって更に考えは深まります。そうやって様々な他者の考えを、絶えず自身の考えを先に進めるためのリソースにすることが、コミュニケーション力、コラボレーション力、イノベーション力に富んだ人間、つまりはグローバル人材のあるべき姿であり、そうした人材を育成する基盤をつくるための授業づくりをしたいと考えています。

　また、多様性を活かし合うつながりが成長の基礎であるというのは、子どもたちだけでなく、授業づくりに取組む側の私たちについても同じことでしょう。私たちの授業づくり連携では、実践者や、教育行政関係者、研究者が、対等に、互いの考えをリソースとして、各自が自身の課題に対してより質の高い解をつくる、そうしたつながりをつくることにも留意しています。

おわりに

共に授業づくりに取組みながら、実践者は授業と子どもの学びについての知見の質を上げ、研究者は学びの理論を見直し精緻化し、コミュニティ全体として、蓄積される教材や評価手法と、使える学習理論の質を上げ続けていきたいというのが、私たちの取組の長期的な目標です。

　グローバル人材育成のための授業づくりは、1つの正しい授業法を覚えればそれで合格、というものでもないし、良いと言われている色々な授業法をできる限り試せばそれで OK というものでもありません。求められるのは、子どもたち一人ひとりの潜在的な学びの力を引き出し、伸ばす授業づくりです。だから、実践のたびに、子どもたちの学びを予想して授業をデザインする必要があります。そして、実践によって自分の予想を見直して（これが、学習成果の振り返り＝評価でもあるわけですが）、次の実践に際してできる予想の精度を上げる、こうしたサイクルを回し続けることが大事になります。一旦1つの方法にこだわってサイクルを回してみるのも、授業や教材の核をとらえ直したり、子どもの学びの特性をつかんだりするのに有益でしょう。

　学習者も、実践者も、研究者も、一人ひとりの私が互いに育ちあって前へ進む、学び合いでつながれたコミュニティが、21世紀社会の求める学校の姿です。グローバル人材育成のための授業づくりとは、そうした新しい学校の姿を志向する取組でもあるのです。

第2部　知識構成型ジグソー法による協調学習

参考文献

本吉圓子（1979）、『私の生活保育論』、フレーベル館

東京大学 CoREF（2015）、『協調学習　授業デザインハンドブック―知識構成型ジグソー法を用いた授業づくり―』（http://coref.u-tokyo.ac.jp/archives/14883）

※協調学習の授業づくりについて、これまで5年間の実践研究連携を通して見えてきたことを整理、共有するためのハンドブックです。協調学習の授業づくりに取組たい人に、まずお勧めの1冊です。

東京大学 CoREF・河合塾編（2016）、『協調学習とは―アクティブラーニング型授業で目指すもの―（仮)』、北大路書房、印刷中

※本書で取り上げることのできなかった高校における協調学習の授業づくりについて、事例や実践者のインタビューを交えつつ詳細な解説をしています。

稲垣佳世子・波多野誼余夫（1989）、『人はいかに学ぶか－日常的認知の世界』、中公新書

※第1節で触れた学習科学の研究例や背景にある考え方がわかりやすく解説されています。

三宅なほみ監訳（2014）、『21世紀型スキル－学びと評価の新たなかたち－』、北大路書房

※21世紀に求められる新しい教育の目標・カリキュラム・評価のあり方について世界の専門家が検討した報告書を和訳紹介するとともに、そうした新しい教育の日本における展開可能性について論じた本です。

第3部

国際バカロレア（IB）のより 深い理解のために

第3部　国際バカロレア（IB）のより深い理解のために

はじめに

　本稿の大半は、ケイ・インターナショナルスクール東京（KIST）でどのようにIBを活用しているかについてご説明するものですが、その前に、IBについての基本的なご説明と、IBがどのようにして今日の世界における先進的な教育へと発展したかについてお話させて頂きたいと思います。また、IBと、その提供する教育プログラムについてのご紹介の中で、KISTについての簡単なご説明と目標、また、なぜKISTでIBプログラムを採用したのかについてもご紹介したく思います。更に、KISTでどのように3つのIBプログラムを実施しているのかについての具体例を挙げ、学校のミッション達成のためにどのようにIBを活用しているかについてもご説明したく思います。

　はじめに特に強くお伝えしたいのは、KISTがIB校で（IBワールドスクール）あることは事実ですが、IBによって定義されていない；IBによって制約を受けているわけではないということです。どちらかというと、私たちこそが学校のミッション達成を補完するためにIBを活用しているのです。多くの学校がそれぞれ異なる理由のためにIB導入を決定します。私たちにも、後ほどご説明させて頂きますが、IBを導入した理由があります。また、ここで特に強調したいのは、各学校がそれぞれ独自の異なる方法でIBを導入しているということです。すべてのIBプログラム及びIB校には共通点や共通の特色がありますが、同時に、すべてのIB校にはそれぞれ異なった点があり、KISTでのIB活用方法はIBを導入している他の学校と大きく異なるのです。しかし、もちろんIB校になるということはIB校間での教育内容や学校組織の共通化がある程度不可欠ですので、その点では本稿が読者の皆様に情報をご提供できると考えています。

　IB教育やその文書類は、初めて本プログラムを実践する教職員、特にこれまでいわゆる伝統的な教育法の中で育ち、これを実践してきた教職員がよ

196

り新しい教育法を求めて IB を検討した際、非常に威圧的で近寄りがたい印象を与えるとよく評されています。私の知る限り、日本の学校教育において、IB の文書はあいまいで分かりづらいと捉えられているようです。私の経験上、日本の教員の方々は教師という職業に全力を奉げておられ、そして日本の文化的な背景からも、完全である・完璧なものを目指すことが重視されているようです。私自身が日本のカリキュラムで指導する学校での勤務経験から学んだことですが、日本の学習指導要領に従い、日本の文化的背景の中で熱心に指導する教員は IB プログラムのような馴染のない領域に踏み出す際、どうしてもかなり慎重にならざるを得ないようです。日本の学校の経営・管理者は、自身でも IB スクールとは何なのかをしっかり把握していないまま、しばしば教員たちに「IB を教える」事を強く求めます。そのため、教員は自身が理解でき、実践できるような実例や参考書を求め、IB を実施できるよう、それも単に実施できるだけでなく、良い形で実施できるような雛形を求めるのです。IB は彼らにとって馴染のないものであり、更に彼らにとってあいまいで分かりづらい文書類と相まって、学校から IB の実施を命じられた日本の教員の方々は威圧的なものを感じるのではないでしょうか。

　本稿が日本の教員の方々が持つ IB への違和感・馴染のなさを少しでも解消するための一助となることを願っています。本稿が、教員の方々の IB に対する理解を深めるための情報を提供するだけにとどまらず、KIST でのプログラム実践例を共有することで、教員の皆さんが自身の指導に合った形での独自の IB 実践に自信を持って取り組み、さらに他の教員の方の実践にも影響を与えるための一助となればと考えています。

　しかし、これら実践例を皆さんと共有するにあたって一抹の不安も感じています。国際性には多様性が求められ、国際教育の枠組みとしての IB は、各校のコミュニティや学習者それぞれの異なるニーズに応じた支援を行うために作られています。今回、私はあくまでも IB コミュニティの一員として、他の実践者を支援する目的で実例を共有させて頂きます。ですから、この情報共有は IB の実践の専門家として模範的なあり方を示すのではなく、

第3部　国際バカロレア（IB）のより深い理解のために

あくまで日本にある多くの IB 校のうちの一つ、世界に4,000校ある IB 校の中の一つが、どのように本プログラムを実施しているかを共有するためのものでしかありません。IB コミュニティの持つ多様性は長年所属してきた私にとって非常に重要なものです。本稿で記す実践例が未来の IB 教員の IB の枠組みでの指導案作成の刺激になればと望む一方で、読者が単純に本稿で挙げた KIST での実践例を自身の学校に当てはめて使用した場合、日本の IB 校発展の弊害となるのではと案じたりもします。そのため、読者の皆さんには是非私のお願いをお聞きいただき、本稿で挙げた実践例はあくまでも貴校独自の IB プログラム実践のための参考に留めて頂けましたら幸いです。

第1章
国際バカロレア（IB）とは

国際バカロレア（IB）は生徒達が将来的に世界を全ての人にとってより良い場所にするために貢献できるよう、論理的思考力とコミュニケーションスキルを強化する仕組みを持った教育プログラムを提供することを目的とした非営利団体です。IB では 3 歳から19歳までの生徒を対象とした教育プログラムを提供しています。

以下は国際バカロレア機構（IBO）の初代事務局長の言葉です。この中に組織として、更にはプログラムとしての IB の発展に影響を与えた理念が良く表れていると思います。

> 大学までの段階で最も重要なのは、学んだ内容ではなく、学び方です。大切なのは事実や、すでに解釈された事柄の吸収や反芻ではなく、未知の状況や事実に直面した際に対応できる強い精神力や思考力なのです（*Peterson, 1972*）。

ここで少しそれぞれのプログラムについてお話しましょう。3 歳から12歳まで、多くの学校における幼稚園、小学校の生徒達を対象とした IB 初等教育プログラム（PYP）は、探究を中心とした全人的な取り組みを通し、「生徒達が積極的で思いやりのある生涯学習者となり、自身と他者に対する尊敬を抱き自身を取り巻く世界に貢献するための準備」（IBO, 2015）を目標としています。本プログラムは元々インターナショナルスクールの初等教育カリキュラム開発を行っていた教育実践者のグループによって形作られたものでした。彼らの努力の結果生まれたプログラムは2007年に IB によって採用さ

第3部・国際バカロレア（IB）のより深い理解のために

れました。そのため、本プログラムは IB の中でも比較的新しいものです。PYP での学習をもとに、更なる学習を継続する生徒達のために作られたのが中等教育プログラム（MYP）です。11歳から16歳までの生徒を対象に作られた本プログラムは、すべての生徒にとって有益であり、また、「生徒が学習と実社会との間に関連性を見出すことを奨励する、難易度が高く且つやりがいのあるプログラム」（IBO, 2015）です。当初はインターナショナルスクールの中・高等部での共通カリキュラムを作成するための教員主導の試みだったものが結果的に IB に採用され、1994年に MYP として紹介されるに至りました（Baeck, 2010）。

　IB 教育プログラムの集大成はキャリア関連プログラム（CP）とディプロマプログラム（DP）で、どちらも16歳から19歳までの生徒を対象に作られています。IB CP は2012年に導入された IB の中で最も新しいプログラムで、「キャリア教育を受けている生徒のニーズに応えるための国際教育プログラム」で「更なる・より高いレベルでの職業訓練または雇用」に繋がるものです（IBO, 2015）。（注：IB CP は KIST では提供していないため、本稿では言及されていません。）IB ディプロマプログラムは多くの人によって IB の旗艦（最高の）プログラムと目されています。1968年に導入された2年間のディプロマプログラムは IB プログラムの基礎ともいえる、最も重視されているもので、その長い歴史と研究結果から進学を目指す生徒にとって後期高等教育での成功に向けて生徒を育成するプログラムとしての名声を得ています。DP は「幅広く、奥深い知識；身体、知性、精神、倫理面において豊かな感性を持つ生徒の育成」を目指しています（IBO, 2015）。世界中の大学で高い評価を受けているため、本プログラムを終了し、IB ディプロマを取得した生徒達は世界中のトップ大学から認知され、入学許可を受けることが出来ます。

　また、IB プログラムは他のプログラムへの継続した学習への準備を行いますが、と同時に各プログラムは独立したものでもあります。IB のプログラム履修に際して、他のプログラムでの履修経験を問われることはありません。

200

第1章　国際バカロレア（IB）とは

　これら3つのプログラムを通してIBは、児童・生徒の教育に関わるすべての関係者が、以下IBのミッションを達成するための支援を行うことを目標としています：

　　国際バカロレアは学問的知識や尊敬の念を通してよりよく平和な世界を創り出す、探究心、知識、そして思いやりのある若人の育成を目指す。
　　このために、本組織は学校、政府、そして国際組織と協力し、国際教育及び厳密な評価を有する高度なプログラムの開発を行う。
　　これらプログラムは、世界中の学生たちが自分達と異なる他者を思いやり、違う視点もまた正しいと認めることのできる積極的で協調性のある生涯学習者になることを奨励する（IBO, 2015）。

　全てのIBプログラムに共通することは：探究心、知識、思考力、コミュニケーション力、信念、広い心、思いやり、挑戦心、バランス、振り返り・反省の心を持つ学習者（生徒、教師、保護者および児童・生徒の教育に関わるすべての人々を含む名称）の育成を目指す事です。上記に挙げられた全ての要素をIB Learner Profile（IB学習者像）と呼び、殆どのIBプログラム及びプログラム構成要素はこれら10の要素を学習者の中に育むことを目標としています。学習者像は「学校コミュニティのすべてのメンバーが自身や他者、そして自身を取り巻く世界の全てを尊重することを学ぶ」助けとなり（IBO, 2015）、そのことでIBがミッションを達成することを援助することとなるのです。

　世界で4,267のIB校が5,477のIBプログラムを提供しているIBの組織としての活動及び世界の教育界における影響力は強大といえるでしょう。そしてその力は日々増しています。IBは2009年〜2014年までに世界中で提供されているプログラムにおいて46.35％の成長を遂げています（IBO, 2015）。2回あるIB試験時期の一つである2015年の5月には、世界中で141,800人の生徒が受験しました。これは前年度ディプロマを取得した生徒の4.8％増です（Bernard, 2015）。世界中で70,000人以上の教師が、100万人以上の生徒に対し、IBプログラムの提供に関わっています。

　IBプログラムを提供するために学校は、プログラム毎にIBの設ける組織

201

第3部　国際バカロレア（IB）のより深い理解のために

的、教育的基準に沿っていることを証明するための、約2年間に亘る認可課程を経なければなりません。その後もプログラム認可を維持するために、学校は5年毎の詳細なプログラムの見直しを行い、その見直しをもとに提出された文書の内容を確認するためにIBの審査（評価）チームを迎え、学校でのIB実施状況の評価を受ける必要があります。

　要するに、IB校となるためには、相当数の人材、資金、時間の配分を含む学校コミュニティ全てからの貢献や努力が不可欠なのです。そして学校がIBプログラムを提供し続ける間は恒久的にこの努力と貢献を維持し続ける必要があるのです。

　ここからは、本校の簡単なご説明の後、なぜKISTがIB校としての認可を維持するために努力し続けているのかをご説明します。

第2章
ケイ・インターナショナルスクール 東京（KIST）とは

　江東区に位置するケイ・インターナショナルスクール東京（KIST）は東京都の中規模インターナショナルスクールで、2歳から19歳までの生徒に国際教育を提供しています。KIST では卒業後も国際教育を継続することを望む全ての国籍の生徒を受け入れており、現在は世界50カ国から約600名の生徒が在籍しています。

　当校は1997年に設立され、IB の3プログラムの全てを実施するための認可を得ています。PYP, MYP, DP の全てを提供しているのは東京都内では当校だけです。IB 校であることに加えて、KIST は厳しい基準を満たし、東京都から学校法人としての認可も受けています。また、KIST は Council of International Schools（インターナショナルスクール会議）の候補校でもあり、2017年の認可を目指しています。KIST と KIST 生達はこれら国際認可団体に所属することによって多くの恩恵を受けていますが、本稿では当校とIB との係わりのみに焦点を当てていきます。

　KIST は20カ国以上から教員を採用しており、そのすべてが各国の認可団体・組織から有効な教員免許を取得しています。KIST に在職中、教員は自身の教育・指導方法や生徒への影響力に更に磨きをかけるために継続的に研修に参加します。また、教員としての専門性に関する以下の基準に照らした年次の評価を受ける事となります。教員評価基準は；指導計画、指導実施・授業、学習の評価、学習環境、学習への影響、及びプロ意識の6つです。

　創立者2名をそれぞれ理事長、副理事長とし、学校長を加えた7名の理事

第3部　国際バカロレア（IB）のより深い理解のために

によって運営されている当校は以下のミッションによってその指針を定めて
います：

　　ケイ・インターナショナルスクール東京は、文化的社会的に多様な背景
　　をもった意欲的な子どもたちに、安全で人をはぐくむ環境の中で、質の
　　高い教育を提供し、国際社会に貢献する、人格的に秀でた有能な若者を
　　育成する。

　本校のミッションでは5つの特性が強調されています：意欲的な生徒、社
会的に多様な背景、質の高い教育、人格的に優れた有能な人間、そして国際
社会への貢献、です。理事会の主な責任は KIST がミッションをどれだけ達
成しているのかを評価することです。評価は主に比較研究やコミュニティア
ンケート結果から行っています。

　KIST のミッションは16個の信条に基づいています。本稿でこれらすべて
についてご説明することは出来ませんが、次のセクションで KIST がミッ
ション達成のためにどのように IB を用いているか；IB の教育内容を当校の
信条と沿うように適用することを IB がいかに許容してくれているか、につ
いてご説明いたします。

204

第3章

何故、IBなのか？

信条１：各人は、学校コミュニティの一員として、学校のミッションとビ
　　　　ジョンを尊重し、信条に従って献身的に関わることを求められる。

　IB校となるために絶対に必要となるのが、学校がIBのものに沿ったミッ
ション及び理念を持ち、それを周知していることです。当校のミッション
（前項参照）をIBのものと比較すると２つの間に強い相関を見出せると思
います。KISTではミッションによって行動を決定し、理事会は毎年、学校
のミッション達成度を評価する責任を有します。私たちはコミュニティ関係
者がミッション及び信条を信じ、達成に向けた努力をしてくださると確信し
ています。私たちは、学校の方針、発行物、指導や運営のすべてが信条に
沿ったものとなるよう最大限の力を尽くしています。

信条３：質の高い教育とは、学問的優秀さと国際理解、ならびに人格形成と
　　　　生涯学習を促進するものである。

信条５：文化の多様性は、本校のコミュニティを豊かにすると同時に世界へ
　　　　の理解を深める。

信条６：国際的な視野を持つには、多様で豊かな文化が世界中のすべての地
　　　　域に存在していることを認識し、各文化のさまざまな信条や伝統に対
　　　　して寛容を示すことが不可欠である。

信条８：生徒の学習を成功させるためには、学校全体に繋がっている包括的
　　　　国際カリキュラムが不可欠であり、学校はそれを定期的に審査する。

　IBカリキュラムの枠組みはKISTが質の高い、高度な国際教育を提供す

第3部　国際バカロレア（IB）のより深い理解のために

ることを助け、生徒の中に自身や他者の文化を尊重する心を育みます。IB
を提供することにより、私たちの考える国際教育の定義をコミュニティと共
有し、世界中のあらゆる国や地域出身のコミュニティメンバーが多文化とい
うものに関する認識を共有し、コミュニティの多様性を尊重することが出来
るようになるのです。当校には40カ国以上から生徒達が集まっています。生
徒達はともに学び、毎日の社会的な交流、そして一年を通して提供される国
際性溢れる課外活動や行事への参加を通して国際感覚を身に付けて行くので
す。

　学習者像を身に付けさせることの他に、IB プログラムが人格的に秀でた
人物の育成に貢献できるのは奉仕学習・活動を通してです。IB のすべての
学習は「探究サイクル」と呼ばれる、探究、行動、振り返りのサイクルを通
して行われます。このプロセスには、世界をより良い場所にするために生徒
が行動をとるということ（考え）が潜在的に含まれています。そのため、
KIST 生は自身や他者、それぞれがコミュニティをよくするためにどのよう
な貢献が出来るのかといったことを学ぶための奉仕活動に参加します。

信条10：学習の重要な道具として、言語力と数学力の向上を特に重視する。

信条12：第一言語以外の言語で学習する生徒は、第一言語で学習する生徒に
　　　　比べ学習に多くの時間と努力を要する。

信条13：母国語の発達と維持は、アイデンティティーや自尊心及び認識能力
　　　　を育て、究極的には学問的成功を収めるために重要である。

　すべての IB プログラムは、学校が言語学習に特に重きを置くことを求め
ます。そのため、当校が上記信条を達成することをサポートしてくれるので
す。IB の各プログラムにおいて、生徒達は指導言語以外の言語を学習する
ことを求められます。すべての KIST 生は英語と日本語を学習し、多くの卒
業生はこれら2言語の両方でネイティブ並の語学力を示したことを証明する
「バイリンガル・ディプロマ」を取得します。

　KIST では、追加言語の習得における母国語の重要性を認識しています。
そのため、各ご家庭にはお子さんの母国語の発達と維持のために最大限のサ
ポートを行って頂けるようお願いするとともに、学校としてもコミュニティ

206

メンバーの言語で書かれた書籍などを図書室で収集するなど、最大限の配慮を行います。また、これら生徒の更なる英語力習得をサポートするために当校では定期テスト等のデータ収集を行い、これをもとに始業前あるいは放課後の英語補習や授業内での英語サポートを必要とする生徒を認識できるような取り組みを行っています。

信条11：期待値を高く設定することは、しっかりとした学力を身に付けることをサポートし、将来の学問的成功のチャンスを高める。

　最新の研究によると、成功している学校に共通の２つの要素は、生徒の学習に求めるもの（期待値）を明確にしていることと、データを用いて学習成果やサポートを必要とする生徒の認識やサポート方法を決定していることです（The Economist Intelligence Unit, 2014; Chenoweth, 2015）。そのため、KIST では算数・数学および英語の期待値、そして進級・進学基準を学年毎に設け、すべての関係者に周知徹底しています。IB が質の高い、定期的に見直された一貫したプログラムを提供するために当校の信条に沿った実施をサポートしてくれるとはいえ、IB によるサポートだけでは十分ではないこともあるのです。

　KIST は、学校のすべての分野・学年においてその学習到達度を定期的に計測する必要があると考えます。DP では学校が効果測定に用いることが出来る信頼性と実績のある外部試験を実施していますが、他の IB プログラムではそのような客観性のあるデータを提供していません。PYP と MYP の評価は内部的なもので、個々の教師が評価課題を作成するため、これらプログラムの成績は主観的なものになりがちです。PYP 及び MYP での評価においてより客観的なデータを収集し、学校全体の生徒進度を測る為、KIST では統一テストや他のデータ収集手段を講じ、期待値に到達していない生徒により多くの指導を行えるような取り組みを行っています。

　IB ディプロマプログラムは、世界でも最も難易度の高い大学準備プログラムの一つです。世界の多くの学校では、より高い学力を求める生徒に対して選択科目として DP コースを提供しています。2015年の統計によると、DP 提供校の在籍生のうち48% のみがプログラムを受講したそうです。さら

第3部　国際バカロレア（IB）のより深い理解のために

に世界における DP 合格率は平均して80% 以下です。このことから、IB 校在籍者のディプロマ合格率は40% 以下といえるでしょう（IBO, 2014）。KIST では、生徒達がディプロマを受けるにあたって必要な準備（教育）を提供しています。そのため、当校ではディプロマプログラム参加率が毎年90% 程度となっています。2015年度はディプロマプログラム参加率97% で、そのうち96% がディプロマを取得できたことを特に誇らしく思っています。

　KIST での IB プログラムは生徒達の将来的な成功の可能性をより大きくしてくれます Conley（2014）の研究によると、大学において DP 生は非 IB 生よりも良好な成績をとり、学問的な分野以外のスキルにも優れていることから、DP こそが大学での成功に不可欠な要素であるという結論に至っています。このように DP は大学において強い実績を持つプログラムで、そのため、多くの大学では IB DP 生にターゲットを絞り、ディプロマを取得した出願者に有利な；例えば１年次の単位を免除することや入学時の奨学金（一部もしくは全額学費免除）の提供など、入学選考を行っています。KIST 生も、大学に対する IB の実績と信用のおかげで多くの利益を得ています。KIST 生は毎年世界のトップ大学に合格し、多くが高額の奨学金を獲得したり、DP で履修した教科は大学での履修を免除されたりしています。

　最近、KIST では、DP 平均点を2018年までに36点にするという野心的な目標を立てました。読者の方にこの目標の難易度を実感して頂くために少しご説明すると、DP の満点は45点で、DP 生の世界平均点は常に30点前後です（IBO, 2014）。本目標を達成するために学校全体の努力と対策が必要であると考え、KIST では過去２－３年間に亘って様々な学校全体での取り組みが実施されてきました。これら取り組みの結果、当校の学校としての立ち位置にも大きな変化が見られました。近年 KIST は高い学力を提供する国際教育機関としての立場を確立しています。KIST では2015年に、当初の予定より３年も早く目標を達成したことを皆様にご報告できることを誇りに思います；2015年度卒業生のディプロマ平均点は36点でした。

　上記は DP を提供し、DP での成功に至るためのエレメンタリー及びミドルスクールの授業構成を行い、更には KIST 卒業後の成功への道筋を提供

208

し、生徒をサポートすることで、IB は当校の信条である以下に沿っている
といえるでしょう。

信条16：幅広く多様な生徒が国際教育を受ける機会を最大限にひきだせるよ
　　　　う、授業料にできる限り配慮し、経済的で効果的な財政管理を維持す
　　　　ることが求められる。

　IB 校にかかる費用についてご存知の皆さんは、IB 校である当校がどのよ
うに上記信条に従っているのか不思議に思われることでしょう。IB 教育は
高額です、非常に高額なのです。3 つのプログラムを提供している当校では
毎年 $22,000 以上のプログラム費用（加盟料）を支払っています。これに加
え、当校では参加一名あたり $700 の IB 教員研修費を賄い、IB プログラム
コーディネーターに正社員約 2 名分の給与を支給しています。また DP 生一
名当たり約 $1,000 を支払い、更には海外からの IB 視察・審査チームを 5 年
ごとに 3 日以上迎えるのです。これら費用やその他 KIST の IB 校認可を維
持するための支出は当校の予算の大きな部分を占めています。

　では、IB 会費がそこまで高額であるにもかかわらず、なぜ KIST では IB
を提供し続けているのでしょう？ IB 校でなくてもこれら様々な利益を享受
することは出来ないのでしょうか？

　IB が提供するものは教育界において特別斬新なものではありません。IB
が促進する教育内容は現在の研究内容に基づいた最高と思われるものであ
り、IB 界以外においても入手可能なものです。しかし、IB 校以外には入手
不可能な利点が確実に存在するのです。まず、学校又は地域といった官僚的
ともいえる組織において新しいものを導入したり、確立された過程を変更し
たりするのは、すべての関係者にとって非常な困難を伴います。どのような
経営者又は管理者も、新しい試みを導入する際の最大の困難はそれを「試み
る」ことへの関係者の賛同を得ることだと答えるでしょう。実施関係者から
の賛同を得られない取り組みはどのようなものであっても、失敗の一途をた
どるでしょう。IB の質の高いプログラムとしての実績は、取り組みの実施
に対する賛同を得る助けとなるのです。

　次に、初回の認可訪問と、それに続く 5 年後毎の再審査訪問で IB は学校

第3部　国際バカロレア（IB）のより深い理解のために

に良い意味でのプレッシャーを与え、すべてのIB校に共通の基準を満たすように促してくれます。多くの最新の教育研究は日本語で入手しにくく、そのため日本の学校管理者にはあまりそれらが身近にない環境の中で、私の経験上、日本の学校でのIB導入は教員にとって困難なだけでなく、学校管理者にも大きな困難をもたらすのです。IBが促進する多くの教育法は日本の学校管理者や教員にとって馴染みのないものです。また、IB自体の経験もあまりない中で、多くの管理者がこれまで組織の中で確立してきた管理上の体制や手順をIBの求める基準に沿った形に変更することを難しく感じるようです。また、それ以上にスタッフからの賛同を得るにあたって多くの困難に直面するようです。関わるすべてに諸手を上げて受け入れられることはなくとも、外部組織であるIBが要求する基準に関して確固たる意志を示し、組織としての学校が基準を満たすように、良い意味でのプレッシャーを与えてくれます。IBプログラムを導入することは変化をもたらすための仕組みを取り入れるという面でも学校の改善を支援してくれることでしょう。

　第三に、IBはコミュニティ全員に教育と学習に関する共通言語・概念や承認された期待値（基準）を与えてくれます。KISTではIBの枠組みを通して一貫した教育へのアプローチを開発することが出来たのです。インターナショナルスクールでは、その存在理由や内容から、コミュニティメンバー間の比較的高い移動、転校率が見られます。

　在校生やスタッフが転勤や引越しのため数年で学校コミュニティを離れるのは珍しいことではありません。IBは一貫した教育内容の基礎を提供しているため、新しい教員や家族・生徒がKISTでの指導方法や内容に比較的容易に溶け込めるようになっています。特に、世界中の他のIB校出身の教員や家族・生徒はIBに共通の言語・用語、そして指導法や手順に馴染んでいます。これら「共通事項」により、他のIBコミュニティとKISTコミュニティのメンバー同士は理解しあい、つながりあうことが出来るのです。このようなコミュニティ間の共通性は、コミュニティとして様々な学校行事を開催したり、授業の指導案を作成したり、学校の目標達成のための戦略立案をしたりする際に真の協力体制を築くことにつながります。

210

第3章　何故、IBなのか？

　最後に、これこそが、私たちがIB校となることを選択した最も重要な理由ですが、IBがこれまで多くの大学に対して築いてきた実績と信用が、私たちの生徒にとって計り知れない価値を持つためです。毎年、KISTのIB校としての地位・実績はディプロマを取得した生徒達に世界中のトップ大学への進路を開いてくれます。英語圏の主要大学と物理的な距離がある場所に位置するインターナショナルスクールとしては、IBの認可を受けていることが大学に対してKISTの教育の質や、ここを卒業する生徒達が後期高等教育を受けるにふさわしいという事を証明する手段となっているのです。そして実際に当校の卒業生の多くがDP試験の結果、奨学金を授与されています。当校の信条に沿い、多様な背景を持つ生徒に質の高い国際教育を提供するため、KISTでは可能な限り学費を抑える努力をしています。このような背景の下、多くのKIST生が海外での大学進学を可能にするためには奨学金に頼らざるを得ないのが現実です。そして、DP試験で優秀な成績を修めることが奨学金取得の可能性を高めるのです。このような方法で、DPは意欲と夢を持った生徒達が海外の大学に進学することを可能にするのです。このような考えは生徒達にとって熱心に学習するための意欲に繋がり、また意欲ある生徒の熱心さは学校の文化、ひいてはKISTコミュニティ全体にも大きな好影響を与えています。

　上記で共有させて頂いたKIST信条のいくつかを通して、当校がIBを提供する理由をご理解いただけたことと思います。上記で挙げた、KIST生にとって多くの利益をもたらす多くの理由から、IBが当校の信条達成にどれだけ貢献してくれているのかが分かります。これらIBがもたらす利益はIB校としての認可を維持するためにかかる費用を補って余りあるものであると私は確信しています。

第3部　国際バカロレア（IB）のより深い理解のために

第4章

KIST での IB 活動

　ここでは、KIST でどのように IB の枠組みを用いた指導及び学習を行っているのかについて、実例を挙げてご説明いたします。まずは当校のエレメンタリー校長 Kevin Yoshihara が、エレメンタリーの PYP でどのように超教科的教育を計画しているのかについてまとめた物を使ってご説明します。次に、学習を支援する上での評価の役割についての最新の研究をご紹介するとともに、KIST での MYP 評価計画についてご説明します。更に、DP 化学の評価計画書の一例を共有させて頂きます。そして、DP における結果（作品）ではなく過程（プロセス）の重要性を強調するために、このセクションの最後に DP 美術の美術ジャーナル（美術記録書）をご覧いただきます。

１．KIST PYP の全人的、多角的な学習計画

　PYP の枠組みは本質的に超教科的であるといえます。「超教科的」という用語は「transcend（超越する）」と「disciplinary（専門分野の）」という言葉を組み合わせたものです。オックスフォードの辞書によると transcend は「分野の制限を越えていくもの」という意味を持ちます。disciplinary は教育現場で指導される様々な教科分野を示します。これらをあわせた用語である transdisciplinary とは、個々の教科の壁を超え、それぞれの教科が互いを補完し合い、豊かな学習環境を築き上げるような学習形態を指します。

　用語の意味自体は非常に直截的で簡単に思えますが、超教科的アプローチ

212

第4章　KISTでのIB活動

を実践するには、基礎的な理論への理解だけでは不十分です；教育コミュニティ全体からの賛同・協力が不可欠なのです。超教科的アプローチの授業計画にはそれぞれの「探究単元」と呼ばれる教科単元に関わる教員全員の積極的な関与と協力が必要です。超教科的アプローチでは、経営レベルでの教室外サポートや保護者コミュニティの協力も不可欠です。

KISTのPYP生が積極的に学習に取り組んでいる

　KISTでPYPがどのように超教科的に導入されているのかをご理解いただくために、まずはプログラムの各構成要素がどのように全人的にまとめられているのかをご覧いただくのがよいかと思います。図4-1はPYPの概要を表したものです。PYPの学習における「生徒中心・生徒主導」という概念を強調するために学習者が中心に置かれていることに着目して頂けたら幸いです。

図4-1　PYPの概要

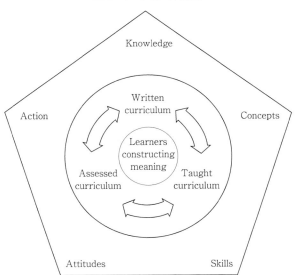

（出典）　Making the PYP happen in the classroom 2007, p.62

213

第3部　国際バカロレア（IB）のより深い理解のために

図4－2　探求単元の中心となる考えとテーマを選定

1.　What is our purpose?

To inquire into the following:

- **transdisciplinary theme**

Where We Are in Place and Time: An inquiry into orientation in place and time; personal, physical, mental, social and spiritual health; human relationships including families, friends, communities, and cultures; rights and responsibilities; what it means to be human.

- **central idea**

Human migration is a response to challenges and opportunities.

図4－3　理解して欲しい概念の選定

2.　What do we want to learn?

What are the key concepts (form, function, causation, change, connection, perspective, responsibility, reflection) to be emphasized within this inquiry?

Conceptual or Enduring Understandings

Causation	Change	Connection
The enduring understanding we want the children to grasp is one of		
The causes and effects of migration have a direct connection with their own lived experience.		

What lines of inquiry will define the scope of the inquiry into the central idea?

- Causes of migration (cause)
- The effects of migration (change)
- The impact of migration on cultural identity (connection, change)

　図4－1の大きな円は学習をサポートするために用いられる手法や評価を表したものです。この円の外側を取り巻いているのが「PYPの5つの必須要素」と呼ばれるものです。これら5つの要素は以下のとおりです：

・知識—生徒に何を知って欲しいのか？

・概念—生徒に何を理解して欲しいのか？

214

第 4 章　KIST での IB 活動

・スキル─生徒に何が出来るようになって欲しいのか？

・態度─生徒に何を感じ、重んじ、示して欲しいのか？

・行動─生徒にどのような行動をとって欲しいのか？

　これら 5 つの必須要素によって KIST 生が PYP で学ぶ内容が決定します。

　PYP 入門のワークショップでの教員や保護者の方との会話から得た経験上学んだことは、多くの関係者が「スキル」の内容を比較的容易に理解されるのに対し、多くの方が「知識」と「概念」の違いを理解することを困難に感じるということです。何かを「知って」いることと「理解」していることは異なります。KIST では Ip（2003）の知識の「意味」を理解することを含むプロセスとしての学習の定義を採用しています。いくつかの戦略的（意図的に）に選択された概念を用いた学習経験を通して PYP では生徒達がより「大きな考え・概念」についての探究の準備を整えます。そしてこの過程を通して生徒達が単純に知識を発達させる段階から、それら知識を身につけた上で学習する概念への純粋な理解を身につける段階へと導くのです。

　いくつかの実例として、図 4 − 2 及び図 4 − 3 で KIST の 5 年生の探究単元の授業計画書からの抜粋をご紹介しています。この探究単元の「大きな考え・概念」；PYP では「中心となる考え 'central idea'」と呼ばれるものは：人類の移住は困難や、与えられた機会に対する反応である、です。

　図 4 − 2 では計画の初期段階において、生徒が学習予定の単元と（自身や自身を取り巻く環境・世界との）関連性を見出せるようなテーマをどのよう選定するかについて示したものです。生徒は、毎年プログラムで実施される 6 つの超教科的テーマの一つである「時間と空間」に関連した探究単元、「人類の移住は困難や、与えられた機会に対する反応である」（中心となる考え）を通してこの内容への理解を育みます。

　PYP 授業計画の次のステップは、探究単元の学習計画で生徒に理解して欲しい概念の選定です。

　内容のみに関して考えれば、人類の移住に関する知識を指導するほうが簡単かもしれません。確かにこの内容に関して生徒達が読み、そして願わくは記憶して欲しい事実や数字はたくさんあります。しかし、単なる事実の記憶

215

図4-4　探求単元内で学習される分野・教科の割合の一例

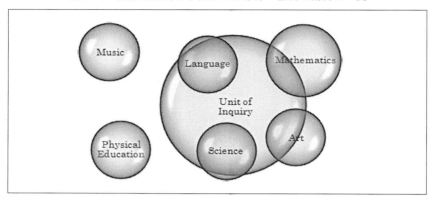

や反芻よりもっと大切なことは私たちが選定した内容の研究や探求を通して生徒達が概念をより深いレベルで理解することです。図4-3が示すように、本単元で選択された概念は：原因、変化、そして関連性・つながりです。

　もちろん、私たちも生徒達に移住に関する知識も学んで欲しいと考えています。しかし、この単元では単なる知識を超えて、移住の原因や、移住がコミュニティに与える変化、そして移住が文化的自我（アイデンティティー）の確立にどのように関わっているかという事への理解をより重要な目標としているのです。ここで特筆すべきは、これら単元を計画する際に学校の構成人口を考慮することが出来る点です。地域に根ざした学校においては移住と文化的自我（アイデンティティー）との関連性はさほど重きを置くべき内容ではないかもしれませんが、インターナショナルスクールとして、KIST には多数の二分化併存（国際結婚）家庭の子供たちが在籍しています。本単元は他の多くの KIST での PYP 単元がそうであるように、在籍する生徒や日本国内にあるという特性を活かし、生徒達のニーズに応えることができるように作られていま

図4-5　探求単元に使用する参考書籍の一例

第 4 章　KIST での IB 活動

す。

　さて、ここからどのように教育・学習に向けた超教科的アプローチ計画を
行うのでしょうか？まずは各分野のどの程度の割合を単元内で指導するのか
（各教科をどの程度単元に織り込んだ形で指導するのか）を決定します。図4
−4は探究単元内でどのように各分野（教科）の学習を行えるかについて示
したものです。

　単元内に織り込んで学習できる分野・教科の内容は、実施する単元により
異なります。ある特定の教科（科学や人文）は常に単元の中で学習され、そ
の他の教科は部分的に単元内、残りは「独立単元」として学習されます。例
えば、算数のスキルや概念はまず独立単元として学習され、その後、生徒達
によって探究単元内で応用されます。しかし、PYP は一年間のプログラム
期間中、すべての教科の内容が最低一つの探究単元内で部分的にであって
も、実践的に活用される（織り込まれる）ことを求めています。KIST で
は、一年間の PYP プログラム中に「単科」（図工、音楽、体育、日本語）
も、最低１つの探究単元に参加（ともに実施）しています。図4−4では図工
がどのように移住の探究単元に参加しているかを示しています。また、同時
に体育や音楽といったこの探究単元に参加していない（含まれていない）教
科が独立単元として学習されていることもご覧いただけます。各探究単元に
おいて、概念や普遍的な理解に関する内容はすべての分野・教科に共通して
学習されますが、同じ単元内であっても、学習・習得される知識やスキルは
各分野・教科によって異なります。

　PYP で、生徒達は特定の教科書の代わりに、単元に関連する事柄を様々
な視点から捉えた多数の教材や参考書籍を通して学習を行います。図4−5
は、KIST のある教室で展示されている探究単元に使用する参考書籍の一例
です。

　各探究単元の授業計画は、単元に関わるすべての教員による、前年度の単
元の振り返り・反省を含む会議から始まります。この初期段階での会議の目
的は上手くいった点の確認と、今後の実施に向けて変更すべき点についての
判断を行うことです。単元に関わるすべての教科教員は生徒の理解や発達の

217

重要な役割を担うため、すべての教員が単元計画において同等の権限と責任を有します。

図4−6

　KISTではこれらの会議は通常、PYPコーディネーター主導の自由な討論とブレインストーミングの形式で行われます。このような協同的な授業計画が意義のある生産的なものとするためには教員チーム全員の信頼と率直さが不可欠です。校内の教育者の関係性が学校の人間関係や文化を創り出す（Barth, 2006）ため、KISTはすべてのコミュニティメンバーが互いを尊重し合う健全で前向きな環境の提供と維持を心がけています。

　前年度の単元の教員評価・見直しが終了すると、教員チームは単元の概念や普遍的な理解内容について協議・合意します。この過程において、私たちが生徒に理解して欲しいことや、出来るようになって欲しいことについての総意を得ます。その後、教員たちは生徒達が単元で学んだ概念の理解度を測るための総括的評価課題や、生徒を総括的評価での成功に導くための形成的評価課題の計画を行います。言い換えると、すべての学習経験を意味あるものにするため、'backwards planning'の教育アプローチを取り、まず最終目標や総括的課題を定めた上で行う課題や活動、導入の仕方などを計画していくのです。Covey（2004）の人気の著作 The 7 Habits of Highly Effective People にある通り、「ゴールを念頭において始めることははっきりと目的地を理解すること」（p.105）なのです。

　年次での授業計画過程を通して、教員たちはPYPでの超教科的学習を計画します。探究単元を計画することはよく、時計の内部構造にたとえられます。各単元は、時計がそうであるように、歯車がぴったりと重なり合い、補い合って始めて機能します。歯車によっては他の部品が回転するための動力となり、また別の歯車は自身が動くためには他の歯車の機能に頼らなければならないかも知れません（図4−6）。PYPの授業計画サイクルを通して、私たちは最終的に生徒達が単元に関連する内容だけでなく概念も思い通りに理解することが出来るように時計の内部の針やねじが機能するように適切な準備を行わなければならないのです。

２．MYP の学習サポートのための評価の活用

　「内容の反芻や暗記を強調した評価は、生徒達が将来的に直面する問題に対応するためのスキル発達には不十分である。今日の教育者は生徒達を現在はまだ存在しない技術や職業を見据えて教育しなければならない。内容に特化しすぎた評価は、将来的に起こる問題が推測できず、従って、その問題解決に必要な内容が把握できない状況においてはあまり有効ではない」（Jones & Apostolou, 2010）。「事実を越える・事実の先を見据える方法ではなく事実だけを教えた場合、私たちは生徒に時代遅れになる方法を教えているに過ぎない」（Sternberg, 2008, p.21）。生徒達は理解を構築するに当たって中心的役割を担わなければなりません；「生徒達は情報の内容を吟味し、事前知識との関連を見出し、新しい学習・学びに活かせるような批判力を持たなければなりません」（Western and Northern Canadian Protocol for Collaboration in Education, 2006, p.41）。教育者として、私たちは過去の学習者たちよりも自立した；情報を批評・評価することが出来、それを効果的に伝達し、問題解決に応用することが出来る学習者、を育成しなければなりません（Jones & Apostolou, 2010）。

　カリキュラムに記載された内容の修得が、試験などで評価することの出来る客観的なものであるのに対して、MYP での評価課題は、生徒達がテストなどで測ることの出来る内容の理解を表すだけでなく、生徒達が実践的な環境で理解した事柄を応用し、他者にそれを伝えることが出来るようサポートするために教師によって計画されています。「学習は、教師と生徒が教室で行っていることによって左右されます」（Black & Wiliam, 1998, p.140）そして、MYP ではその通りのことが起きています。形成的、総括的評価は生徒の習熟度に関する重要な情報を関係者に与えるために作られていますが、MYP 評価モデルでは生徒自身が更なるパフォーマンス向上をすることが出来るためのフィードバックも提供しているのです。私たちが教師として生徒の評価を行うとき、これまで行ってきた学習を評価しますが、それだけでなく、自身の指導効果についても評価しているのです。評価により、教員と学

第3部　国際バカロレア（IB）のより深い理解のために

習者双方により効果的な学習や指導方法獲得のために用いることが出来る
フィードバックを提供することになるのです。この点で、「評価が指導を生
み」（Sternberg, 2008, p.26）更には、「より良い指導の始まり」（Tomlinson,
2008, p.11）となるのです。

　私の経験から言うと、日本の学校では生徒の学習評価において試験・テス
トが過剰に信頼され、学校での指導内容にも大きな影響を与えているようで
す。教師の役に立つ評価は、指導及び学習の両方の結果とプロセスに焦点を
当てたものでなくてはなりません。生徒達に目的のある、よく考えられた評
価課題を与えることは、彼らの学習をサポートし、ひいてはより良い学習効
果を生むことにつながります（Jones & Apostolou, 2010）。「試験環境で問題
を解くことがあまり得意ではない生徒がより現実的・日常的な状況で似たよ
うな問題に直面したときは全く異なる対応を見せることがあります。実際、
正式な試験が行われる環境は日常的な状況と異なるため、ある意味脅威的な
証明手段としてとられることがあります。ここでの特筆すべき点は、日常生
活において、共同作業は非常に重要であるにもかかわらず、現在の試験にお
いてはこれが許されないということです」（Black & Wiliam, 1998, p.148）。
MYP では、学習される8つの教科それぞれの評価基準に従って生徒を評価
するための様々な課題を計画します。MYP の各教科には直接教科（コー
ス）の目標に沿った4つの評価基準が設けられています。

　教員が評価プロセスにおいて各基準に従い、生徒をサポートすることを支
援するために、MYP 校では評価ルーブリック（評価規定）を定めていま
す。KIST では更に一歩踏み込んで、学校内での評価の一貫性を維持するた
めに MYP のプログラム内でのフォーマットの共通化を行いました。生徒達
はすべての評価課題において評価規定を受け取ることを認識しており、この
文書の共通フォーマットを熟知しています。教員も評価プロセスをより良く
理解してもらえるよう、保護者ともこの規定を共有します。この評価規定の
概念は比較的簡単なものに思えるかもしれませんが、この文書のもたらす影
響や効果はとても大きく、何がどのように評価されるかについてすべての関
係者に明確に伝えることが出来ます。これによって、「生徒は、教師に課題

220

を課される前にすでに何がどのように評価されるのかを知っている」（Stanford & Reeves, 2005, p.20）のです。

　研究によると以下の条件下において、評価は生徒の意欲をより高める効果を秘めていることを示しています：生徒の進歩と達成度を強調する；どのようにすれば改善できるかのフィードバックを与える；生徒に自身の学習に責任を持つよう促す；生徒に挑戦心を持つよう促す；意義がある；成功への道筋を示す（Western and Northern Canadian Protocol for Collaboration in Education, 2006）。評価規定は教育者がこれら目標を達成することを支援してくれます。規定で、生徒への期待値を明確にすることで、教師は生徒が向上できるよう、より良く、個別化・特化した、矯正のためのフィードバックを与えることが出来るのです。

　評価規定があることで、生徒は評価過程において明記された目標を達成することに力を注ぐことが出来ます。「生徒がそれを作る・制作・生産することが出来るなら、彼らはそれを評価し、改善することが出来る」（Andrade, 2008, p.61）。評価規定を通して、生徒は自身の課題・作品を基準に沿って自己評価し、教師に採点のために提出する前に改善・改良することが出来ます。自己評価によって、生徒は自身の評価・批評力を発達させる機会を与えられ、その結果評価において教師に依存する部分を減少させることが出来ます（Sadler, 1989）。そして、さらに自主性のある自立した学習者となることができるのです。

　すべてのIBプログラムには教員の指導単元計画をサポートするために「backward planning」ゴールからの逆算的計画、を行います。この逆算的計画過程では教員はまず評価規定を定め、生徒の理解度を測ることの出来る評価課題を計画することから始めます。全ての教員に逆転の計画アプローチを用いるように要求することによって、MYPは全ての教員に計画の早い段階で何を生徒が学習目標を達成したことのへの証拠となるかについて判断し、評価活動の成功のために必要な理解を育むための学習経験を企画することを確認します。同様に、評価規定を計画する際に教師は学習の最終目標を理解していなければなりません。そのため、逆転の計画を行うことによって

第3部　国際バカロレア（IB）のより深い理解のために

より深いサポートが得られるのです（Wiggins & McTighe, 1998）。

　次に KIST で実施されている MYP での数学の評価について見ていきましょう。しかし、その前に数学が KIST の注力分野であることを再度お話しておきます。そのため KIST では、学校全体における数学の期待値を発表し、年間を通して生徒の期待値への達成度を測るために定期的に診断テストを実施しています。この統一診断テストから収集したデータは生徒の教科成績に直接の影響を与えることはなく、生徒のニーズに応え、より良く生徒をサポートするための客観的分析材料として取り扱います。

　教員が計画し、実施された MYP 評価課題から得たデータは、該当する数学のコースでの生徒の到達度を評価、報告するために用いられます。

　ここでご紹介したのは KIST の8年生が演繹的幾何学、特に円幾何学の到達目標達成をサポートするために計画された単元例です図4-7にあるとおり、この単元の MYP Unit Planner（単元計画書）（全体で4ページのものですが、ここでは最初の2ページのみ共有します）は IB によって確立されたプロセスを通して作成します。計画の最初の段階では、教員は単元の目的を決定し、その目的への生徒の達成度を測ることができる評価課題を考えます。生徒が学んでいる内容や分野と実生活・実社会とのつながりを感じ取れるような学習環境をつくりだすために、教員は MYP に共通の鍵となる「関連する概念」に添った形で授業計画を作成し、さらに学習において焦点をおく「世界的な内容」（Global Context）を選択します。

　また、計画の最初の段階で、プランナーの2ページ目（図4-8）に、生徒が計画された活動を通してどのように「学習へのアプローチ（ATL）」；IB プログラム共通の5つの学習スキルであるコミュニケーション、社会性、自己管理、リサーチ及び思考力、を発達させるのかについて教師が検討し、記入します。

　ATL スキルの発達を通して、生徒達は今日の世界での成功に必須のスキルを習得します：生徒達は自立した学習者となり；他者との協力を行い；情報を得、また批評する能力を持ち、効果的なコミュニケーションを行うことが出来；実社会の・世界的な問題を解決する能力を有することになります。

222

図4－7　演繹的幾何学の MYP Unit Planner（単元プランナー）（1ページ目）

教師	Jones	教科群および分野	数学 8		
単元名	演繹幾何学（円幾何学を含む）	MYP学年	3	単元指導期間（時間）	11

探究単元：単元の目的を確立

主要概念（鍵となる概念）	関連する概念	普遍的な内容（Global context）
関係・関連 – 生徒は幾何図形の属性間の関係と、他の属性を研究する際にそれらをどのように活用することができるかについて学ぶ。	根拠 – 数学的な関係・関連性は証明を通してその正当性が示される 計測 – 関係・関連性は計測の際に活用することができる 繰り返し – 繰り返し（パターン）の発見は属性間の関係・関連に関する結論を導く	科学及び技術的革新 – 本単元では幾何学の関連を研究するため、テクノロジーを多く使用する。そのため、生徒には、数学論理や応用における Geogebra などの科学的革新・技術の貢献を認める機会を与えることができる。

探求の詳細（Statement of inquiry）

テクノロジーを用いて幾何における関係・関連を研究することは関連性や定理を理解することにつながる

探求における質問

事実：幾何的な関係・関連性とは何か？

概念的：一般的な原則とはどのような意味か？証明とはどのようなことなのか？

議論：何故このようなことを学ばなければならないのか？

目的

本単元終了時に、生徒たちは：
- 幾何学的な関係・関連性を求めるためにどのように Geogebra を用いるかを理解する
- 関連性を求め、一般的原則にかんする結論を述べる
- 平行線、二等辺三角形、三角形の中点に関する定理を理解し、応用する

総括的評価	
円幾何定理の探求～Criteria（評価基準）B（繰り返し・パターンの探求）及びC（コミュニケーション） 単元テスト～Criteria A（知識と理解）	総括的評価と探求の詳細との関連： 生徒達は Geogebra を用いて円幾何に関わる定理を探求し、習得する。

223

図4−8　演繹的幾何学の MYP Unit Planner（単元プランナー）（2ページ目）

・以下の定理を含む円幾何学の定理の理解と応用：中心・円周角；同一の弧の上にある傾斜角、四角形の外接円の対角；半円の角；接線と接点からの半径、弦の中心を通る垂直線。

-角度を求めるために定理を利用し、その証明を行う

-幾何の属性・法則を応用し、実際の問題解決に用いる。

Approaches to learning (ATL) 学習へのアプローチ（ATL）

思考（論理的思考）：
生徒達は問題や答えを評価・吟味することを学ぶ。単元や総括的評価課題を通して、生徒達は根拠に基づいた結論の正当性を論じたり、求めたパターン・繰り返しを通して演繹的に結論を証明したりすることが出来る。

コミュニケーション：
生徒達は情報を収集、共有するために数学的語彙や用語を用いることを学ぶ。生徒達は演繹的推論と、幾何に関する関連用語を使用するための能力を発達させる。

生徒達は社交・会話の中で考えや情報を効果的に伝える方法を学ぶ。研究レポートの評価を通して生徒のコミュニケーション能力が評価される。

リサーチスキル（メディアリテラシー）：
生徒達は情報をまとめ、意見を表すためにメディアを活用する。生徒達は Geogebra に触れ、研究・学習の評価を完成させるに当たって初級レベルの熟練度に到達する。

社会的スキル（協調性）：
生徒達は他者と効果的に作業する事を学ぶ。生徒達は単元のニュースワーク中、小グループに分かれて学習を行い（教科課題は個別で行う）、学習の中で他者から助言を求めたり、助言を行ったりする。

自己管理（効率性・秩序）：
生徒達は時間や作業の効果的な管理を行う。生徒達は定められた形式に従って課題をすべてバインダーにまとめる。研究レポートの評価では、生徒達はそのジャンルに応じ、課題を論理的で適切な方法でまとめる能力も評価される。

自己管理（振り返り・反省）：
生徒達は学習の過程について考えることを学ぶ。生徒は研究課題の評価基準や期待値を提供され、その期待値に照らって、課題提出前に、自身の達成度を自己評価する。

第 4 章　KIST での IB 活動

　本稿の中で MYP の授業計画の詳細までご説明することは難しいのですが、以下のプランナーサンプルによって、読者のみなさんに MYP の授業計画の初期プロセスの一部でもご理解いただけたらと思っております。（MYP 授業計画の詳細は IB によって出版された MYP：from principles to practice という文書をご参照ください）。

　IB プログラムでは、生徒は相対評価ではなく、発行された基準に沿って評価されます。成績はある特定の分布や割合に当てはめて決定するものではありません。MYP の保健体育のように教科それ自体がある程度の競争を要素として含むものにおいても、生徒はある特定の競技の結果ではなく、フェアプレイ精神や貢献度、努力などをもとに評価されます。

　MYP の数学では生徒のパフォーマンス評価に 4 つの評価基準を用います：評価基準 A － 知識と理解；評価基準 B － パターンの分析；評価基準 C － コミュニケーション；評価基準 D － 実生活への数学の応用・活用です。一つの評価課題にすべての評価基準をあてはめる必要はありません；しかし、最終的にはすべての評価基準が平等に生徒の教科成績に反映されます。例えば、数学では知識と理解の評価基準と、通常、試験以外の方法で評価されているパターンの分析が生徒の最終成績を判断する際に同じ重みを持っています。

　ユニットプランナーの総括的評価の欄（図4-7の右下）をご覧いただくと、この単元では生徒が単元テストとともに研究課題の結果レポートを提出していることがお分かりいただけると思います。この単元のテストは評価基準 A（知識と理解）を用いて評価されます。研究レポートには評価基準 B と C（パターンの分析及びコミュニケーション）を用います。読者の皆さんはテストベースの評価については良くご存知だと思いますので、ここでは MYP の評価がどのように生徒の学習と自立した学習者になるためのサポートを行っているのかをよりご理解いただくために研究レポートの評価についてご説明させて頂きます。

　研究課題は単元の中間地点、単元終了時の単元テストに先立って行われます。図4-9でご覧いただけるように、課題では無料ソフト Geogebra を使

第3部　国際バカロレア（IB）のより深い理解のために

い、円の性質を分析・研究します。この活動を通して、生徒達は円の性質を認識し、定理を理解するようになります。レポートで、生徒達は自身が調べたことで得た結論や、一般的な法則（円の定理）などについて述べ、自身が学んだことをまとめます。レポートでは、関連用語や、データをまとめるための図表の使用、明確な論理展開や、課題提出の際の指示書を読まずに読者がレポートの意図を理解できるような構成力を通して生徒のコミュニケーション能力を測ります。

　本課題の評価規定は図4−10でご覧いただけます。KIST で使用する評価規定では、IB 発行の基準指標は中心の列に記載されています。基準の右列

図4−9　総括的評価−研究レポート

Investigating Circle Theorems
Criteria B&C Summative Assessment

In this investigation, you will work in class to investigate circle theorems and prepare a written report. You may choose any method you wish to investigate the 4 theorems but you must be sure to include in your written report evidence of all your workings during the investigation and in proving the investigated theories.

As this is a communication assessment task, you need to be sure to use related mathematical terminology. Some terms you will be expected to use in your written report include:

Term	Definition	Examples
Semi-circle	Half of a circle	
Chord	A line segment joining any two points on the circle	
Tangent	Any line which touches the circle in only one point	
Point of contact	The point at which the tangent touches the circle	

Part 1: The angle in a semi-circle

1. Draw a circle and construct its diameter. Label the diameter AB and the center of the circle O.
2. Mark any point on the circle and label it P. Connect AP and PB.
3. Measure the angle APB.
4. Repeat for other locations of point P.

What general conclusion can you make about the angle in a semi-circle? (Remember: in your written report, be sure to include all of your workings and explanations that support your conclusion. To attain a 5-6 on Criteria B, you must show verification that your conclusion applies to the general case.)

5. Let angle OAP be x and let angle PBO be y.

(B Level 7-8): Using other geometric theorems, and showing all of your reasoning, prove the conclusion that you found in Part 1 is true.

Part 2: Chords of a circle theorem

1. Draw a circle and construct a chord. Label the chord AB and the center of the circle O.
2. Construct a perpendicular from O to AB and label the point of intersection of the chord with AB as M.
3. Measure the lengths of AM and BM.
4. Repeat for other chords and for other sized circles.

What general conclusion can you make from your findings? (Remember: in your written report, be sure to include all of your workings and explanations that support your conclusion. To attain a 5-6 on Criteria B, you must show verification that your conclusion applies to the general case.)

(B Level 7-8): Using other geometric theorems, and showing all of your reasoning, prove the conclusion that you found in Part 2 is true.

Part 3: Radius-tangent theorem

(B Level 5-6): Design an investigation that investigates a relationship between the tangent of a circle and the radius of the circle at the point of contact.

Make a general conclusion based on your findings.

Part 4: Tangents from an external point

1. Draw a circle with center O.
2. Construct an external point P.
3. Construct all tangents to the circle which go through P.
4. Label the point(s) of contact.
5. Measure the distance from the point(s) of contact and the external point P.
6. Repeat for other external points and for other sized circles.

What general conclusion can you make from your findings? (Remember: in your written report, be sure to include all of your workings and explanations that support your conclusion. To attain a 5-6 on Criteria B, you must show verification that your conclusion applies to the general case.)

(B Level 7-8): Using other theorems, including the theorem you found in Part 3, and showing all of your reasoning, prove the conclusion that you found in Part 4 is true.

第4章　KIST での IB 活動

Math 8: Investigating Circle Theorems

Name:

Criterion B: Investigating patterns

Level	Descriptor	Task-specific clarifications
0	The student does not reach a standard described by any of the descriptors given below.	
1 – 2	The student is able to: i. apply with teacher support, mathematical problem-solving techniques to discover simple patterns ii. state predictions consistent with patterns.	• With support you were able to investigate some of the theorems • You stated some predictions that relate to your findings
3 – 4	The student is able to: i. apply mathematical problem-solving techniques to discover simple patterns ii. suggest relationships and/or general rules consistent with findings.	• With minimal/no teacher support, you investigated some of the theorems • You made conclusions that relate to your findings
5 – 6	The student is able to: i. select and apply mathematical problem-solving techniques to discover complex patterns ii. describe patterns as relationships and/or general rules consistent with findings iii. verify these relationships and/or general rules.	• You investigated all of the theorems • You made conclusions related to your findings that extend the pattern to the general rule • You verified your general rules with findings from a variety of examples
7 – 8	The student is able to: i. select and apply mathematical problem-solving techniques to discover complex patterns ii. describe patterns as relationships and/or general rules consistent with correct findings iii. verify and justify these relationships and/or general rules.	In addition to attaining 5-6 (above): • All your findings and general rules are correct • You have justified your general rules with proofs that show all reasoning

Criterion B
Self-Assessment

Achievement Level

Criterion C: Communicating

Level	Descriptor	Task-specific clarifications
0	The student does not reach a standard described by any of the descriptors given below.	
1 – 2	The student is able to: i. use limited mathematical language ii. use limited forms of mathematical representation to present information iii. communicate through lines of reasoning that are difficult to interpret.	• Your use of related vocabulary is limited • You included some workings that support your predictions • The reasoning you provided is lacking or is difficult to understand
3 – 4	The student is able to: i. use some appropriate mathematical language ii. use different forms of mathematical representation to present information adequately iii. communicate through lines of reasoning that are able to be understood, although these are not always clear iv. adequately organize information using a logical structure.	• You used some of the related vocabulary • You have shown your workings, including appropriate diagrams • Your reasoning is present and can be understood, although it may not be clear • Your report has some logical structure
5 – 6	The student is able to: i. usually use appropriate mathematical language ii. usually use different forms of mathematical representation to present information correctly iii. move between different forms of mathematical representation with some success iv. communicate through lines of reasoning that are clear although not always coherent or complete v. present work that is usually organized using a logical structure.	• You used appropriate related vocabulary • You have shown your workings, including correct diagrams (with labels) • Your explanations relate to your diagrams • Your reasoning is clear, although it may not always be complete or coherent • Your report has a logical structure (including an introduction and conclusion)
7 – 8	The student is able to: i. consistently use appropriate mathematical language ii. use different forms of mathematical representation to consistently present information correctly iii. move effectively between different forms of mathematical representation iv. communicate through lines of reasoning that are complete and coherent v. present work that is consistently organized using a logical structure.	• You used appropriate related vocabulary consistently throughout • You have consistently shown all workings, including correct diagrams that are labelled correctly and in a way that is easy to read/understand • Your explanations relate well to your workings and diagrams • Your reasoning is clear, complete and concise • Your report follows a logical structure (including an introduction and conclusion) throughout

Criterion C
Self-Assessment

Achievement Level

図4−10　総括的評価 – 研究レポート（評価基準・指標）

第3部　国際バカロレア（IB）のより深い理解のために

には、該当する課題で生徒がどのようにすれば目標値に到達できるかを説明した指標が記載されています。

　課題の実施前に、生徒は課題がどのように評価されるかを理解するためにしっかりと評価基準を読み込みます。これは通常それぞれの基準の最高値である（7－8）レベルを読むことによって行われます。評価基準B－パターン分析、で最高評価を獲得するために、生徒は以下を行わなければなりません：

・課題内ですべての定理を研究・調査する

・パターンを正しい法則に発展させるための研究結果をまとめる

・様々な実例から導かれた一般的な法則を証明する

・一般的な法則の理論に則った証明を行う

　達成目標を部分的に達した生徒は7を取得し、すべての指標を達成できた生徒は8を取得する。

　また、評価基準C－コミュニケーションで最高点を獲得するために、生徒は以下を行わなければなりません：

・レポートの全体を通して、一貫した適切な語彙を使用する

・一貫して行った内容をすべて記載し、正しく表記した読みやすく、理解しやすい図表を用いる

・研究内容及び図表に対する説明が行われている

・明瞭・明確で完全な理論を用いる

・全体的に論理的な構成の（導入と結論を含む）レポートを作成する

　読者の皆さんには、本実例を通してMYP評価における過程の重要性についてご理解いただきたく思います。ご紹介させて頂いた課題において、正しくないデータから正しくない法則を導いてしまった生徒も、他の指標をどの程度達成したかによっては評価基準Bで4又は5の評価を取得することがあります。

　本実例は、MYPの評価モデルがあることにより、学習者にとって、課題の評価過程が明確になり、目標達成の助けとなることを示しています。評価指標は、生徒達が自身の課題を評価することが出来るための道具であり、さらには自身の達成度に関するフィードバックを得るとともに、提出前に自身

第 4 章　KIST での IB 活動

の課題内容を改善することも出来るツールです。教員は指標を客観的に用い
て課題を評価し、それをもとに生徒がどのように今後の課題を改善すること
ができるかについて指導します。

　すべての IB 校にとって必須文書である評価方針において、KIST では、
全ての生徒に、提出前に自身の作品・提出物を、評価指標を用いて自己評価
するよう求めています。この方針により、全ての生徒は評価指標を読むよう
になり、また自己評価と実際の評価との差が大きい生徒を教員が指導する際
も、指標を用いてフォローを行うことが出来ます。

　上記で、MYP における、教員の生徒の学習への影響について、いかに
個々の教員に意識をさせているか、そして評価の重要性についてご説明でき
たと思います。次に、DP においていかに探究心が育まれているかについて
ご説明します。

３．DP の枠組み内での探究にかかわる指導計画の作成

　DP の指導要領に記載されている各教科の指導内容は PYP や MYP の内容
とは異なります。また、DP に関しては、IB が DP の最終成績を発行する関
係上、個々のコース（教科）を指導する教師が行うのはすべて形成的評価に
なります；学校によっては、独自に発行する成績にかかわる教員が作成した
評価課題を課する場合もありますが、生徒の IB 発行成績にかかわるすべて
の総括的評価課題は IB が定義し、課すものです。これら IB が定めた総括
的評価のいくつかは各学校の教科担任によって実施され、一旦評価（inter-
nal assessment; 内部評価と呼ばれる）されますが、大部分の IB 教科・コー
スでは、生徒の最終成績大部分にかかわる IB 定義の総括的評価課題は、IB
が任命した採点チームによって、教科教員との接触一切無しに外部評価され
ます。IB による課題を内部評価した場合でも、その大半が IB によって定義
された評価指標に対し、世界中のすべての IB 校で一貫した採点がなされて
いるかを確認するため、外部モデレーション（適正審査）が実施されます。
これらの過程のため、DP の評価モデルに客観性が認められ、世界規模で統
一された成績の発行が可能になります。この客観性や信頼性のため、各国の

第3部　国際バカロレア（IB）のより深い理解のために

図4－11　DP 化学の実験課題

The Oxidation and Partial Oxidation of Alcohols

Research Question

How can reflux apparatus be used to investigate the oxidation and partial oxidation of propan-1-ol?

Scientific Background

Alcohols have the function group O–H. An oxidizing agent can be used to oxidize alcohols, first to compounds called aldehydes and then to acids, called carboxylic acids.

Variables

N/A

Chemicals needed

Chemical	Hazard	Precaution	Disposal
0.02M propan-1-ol			
Sodium dichromate (VI)	Toxic, irritant		
Conc. Sulphuric acid	Corrosive		

Apparatus needed

Boiling tubes
Spatula
Anti-bumping granule
Round bottom flask

Condenser
Clamp
Beaker
Tripod

Gauze
Dropping pipette
Bunsen burner

Diagram

1. Reflux

2. Distillation

Method

Complete Oxidation (using 6g, 0.02 mol of oxidizing agent)

1. Measure 5 cm³ of water into a boiling tube. Add 6g of sodium dichromate (VI), shake and allow to dissolve.
2. Pipette 1.5 cm³ propan-1-ol into a 50 cm³ round bottomed flask, add 5 cm³ of water and 2/3 anti-bumping granules.
3. Connect a condenser (with/without a fractionating column) onto the flask, as in diagram 1.
4. Add 2cm³ of concentrated sulphuric acid down the condenser in drops.
5. Add sodium dichromate (VI) solution down the condenser a drop of a time, the mixture should boil.
6. After all the sodium dichromate (VI) has been added, use a low Bunsen flame to boil the mixture for 10 minutes.
7. Arrange the apparatus for distillation, as in diagram 2. Gently distil 2-3 cm³ of liquid into a flask.
8. Perform the following tests on the product. Record you results in a table, leaving two columns in which to record the results of each test when performed on propan-1-ol and the product of the next reaction.
   i)   Note the smell of the product.
   ii) Will it neutralize an appreciable volume of sodium carbonate solution? How much do you have to add before the effervescence stops?
   iii) Add a few drops of the product to 2 cm³ of Benedict's solution and 1 cm³ of dilute sodium hydroxide, then boil gently.

Partial Oxidation (using 3g, 0.01 moles of oxidizing agent)

1. Place 10 cm³ of dilute sulphuric acid in a flask and add 3g sodium dichromate (VI) and 2/3 anti-bumping granules. Shake until solution is complete.
2. Add 1.5 cm³ of propan-1-ol in drops and shake to mix contents.
3. Assemble apparatus for distillation, as in diagram 2. Heat and then gently distil 2 cm³ of liquid.
4. Perform the tests from step 8 above on the product and then on propan-1-ol. Compare your results.

Results Table

Design an appropriate table to record all your observations in.

230

第 4 章　KIST での IB 活動

大学が IB の成績を DP 生の入学選考の際の判断基準とするのです。しかし、これら評価過程は、担当教師が生徒に与えた得点・成績が生徒の IB 成績に直接かかわりを持たない・貢献しないということにもつながります。

　いわゆる伝統的な教育アプローチ、特に成績によって生徒の意欲を喚起するような形式に馴染んでいる教員にとって、IB の評価モデルはあまり歓迎できるものではないでしょう。しかし、私自身は、DP 評価は教師が生徒の DP での成功に貢献し、DP に向かう実力をつけるための準備段階として、意義ある授業や指導を行い、形成的評価課題を計画するために大いに刺激を与えるものであると考えます。そのため、私は DP 評価モデルを生徒自身に独立した学習者としての責任を与え、また教師にも適切な準備を行うよう責任を認識させるようなものであると捉えています。

　確立された指導要領と外部評価システムを有する DP は PYP 及び MYP と大きく異なりますが、すべてのプログラムで探究ベースの指導を行うという共通点もあります。では、教師は DP のより自由度の低い枠組みの中でどのように探究を指導案に組み込むのでしょうか？ KIST でこれをどのように達成したかをご説明するために、まず、DP 化学の授業でどのように探究が行われているかをご紹介します。

　学習プロセスの重要性はすべての IB プログラムで強調されています。教師は生徒が自立した学習者となるためのスキルを発達させることを目標とし、そのために学習過程に関与し、これを重視します。実験スキルの向上は科学における探究学習の成功には欠かせません。DP 化学のコースでは授業時間の最低25% を、生徒達が科学的な手法に従ったり、データ収集をしたり、データから推論・結論を導き出すための実験に当てています。

　図4−11は生徒の実験における分析力を発達させるために計画された課題の一例です。この教員が計画した形成的評価課題で、生徒達は DP で学習する内容の一つであるアルコールの酸化と部分酸化についての実験作業を行います。生徒達の IB が発行した分析の評価課題への理解を育むために、生徒はまず個別に課題に取り組み、その後３−４人のグループに分かれ、DP の「分析力」に関する評価基準（図4−12）を用いて実験レポートの分析のセク

231

第3部　国際バカロレア（IB）のより深い理解のために

ションの採点を行います。

　このピア・アセスメント（仲間による評価）を終えたのち、教員は各グループの生徒1名の課題を採点し、その評価をグループ全体と共有します。生徒達はその後、グループで行った評価内容と教員による評価を比べ、必要な調整・見直しを行います。

　この課題例は、DPにおいて実験課題で教員の定義する「正しい結論」で

図4-12　DP 化学の「分析」評価基準（IBO, 2014）

Analysis

This criterion assesses the extent to which the student's report provides evidence that the student has selected, recorded, processed and **interpreted** the data in ways that are relevant to the research question and can support a conclusion.

Mark	Descriptor
0	The student's report does not reach a standard described by the descriptors below.
1–2	The report includes **insufficient relevant** raw data to support a valid conclusion to the research question.
	Some **basic** data processing is carried out but is either too **inaccurate or too insufficient to lead to a valid** conclusion.
	The report shows evidence of little consideration of the impact of measurement uncertainty on the analysis.
	The processed data is incorrectly or insufficiently interpreted so that the conclusion is invalid or very incomplete.
3–4	The report includes relevant but incomplete quantitative and qualitative raw data that could support a simple or partially valid conclusion to the research question.
	Appropriate and sufficient data processing is carried out that could lead to a broadly valid conclusion but there are significant inaccuracies and inconsistencies in the processing.
	The report shows evidence of some consideration of the impact of measurement uncertainty on the analysis.
	The processed data is interpreted so that a broadly valid but incomplete or limited conclusion to the research question can be deduced.
5–6	The report includes sufficient relevant quantitative and qualitative raw data that could support a detailed and valid conclusion to the research question.
	Appropriate and sufficient data processing is carried out with **the accuracy** required to enable a conclusion to the research question to be drawn that is fully **consistent** with the experimental data.
	The report shows evidence of full and appropriate consideration of the impact of measurement uncertainty on the analysis.
	The processed data is correctly interpreted so that a completely valid and detailed conclusion to the research question can be deduced.

第 4 章　KIST での IB 活動

図4−13　DP 美術評価要素

要素	割合
比較研究	成績の20%
過程・工程ポートフォリオ	成績の40%
展示会	成績の40%

ある成果を強調し重視するのではなく、過程がどれほど重視しているか、そして生徒に実験に関するスキルを身に付けさせることがどれだけ重要かを示すものです。この課題で、生徒達は評価者としての役割を担い、その役割のなかで評価基準を十分に理解し、課題に適用できるようになるのです。この過程を通し、生徒達はカリキュラム内容への探究を行うだけでなく、評価基準に記載された期待値を理解し、分析力を高めるのです、DP 美術もまた、学習過程を強調する教科です。美術の DP 評価モデルには３つの要素が含まれています：異なる芸術家による作品の比較研究；２年間のコースの中で行った「実験」：美術・制作活動の探査・調査・実践工程、を証明するポートフォリオ（IBO, p.31）；そして生徒が選択した作品と、その作品の解説を展示する展示会です。コース成績を算出するためのそれぞれの要素の割合は図4−13のとおりです。この表からも、DP 美術における過程を表す要素が、展示会で実際に展示される作品と同じ割合を占めていることをご覧いただけます。

　過程・工程ポートフォリオの制作サポートのために、２年間のコース中、生徒達は自身の美術的概念に関する探究や集めた作品サンプル、また自身がなぜ現在使用している技術を身に付け、且つ使用しているのかなども「美術ジャーナル（記録）」にまとめます。図4−14は KIST 生の美術ジャーナルの一例です。

　美術ジャーナルは生徒が「過程・工程ポートフォリオ」を作成するための重要な資料提供ソースとなります。また、ポートフォリオは以下の課題目標の達成を示すものでなければなりません：

233

第3部　国際バカロレア（IB）のより深い理解のために

・自身のスキルを磨き、伸ばすために、様々な手法、技術、効果や工程を試み、自身の求めるものに適切なメディア、様式、や目的を自身で選択する
・自身の用いる過程・工程や、実験、探究、操作、精錬や、様々な方法で

図4-14　DP 美術のジャーナルサンプル

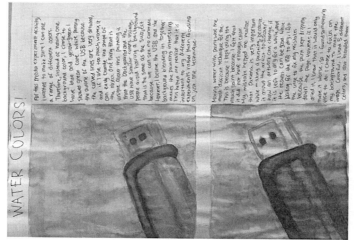

234

第 4 章　KIST での IB 活動

　　使用するメディアについての学習の振り返りを行う
・探究の証拠となり、自身の考えや作品、そして自身の考えとメディアとの
　融合を示すものを創りあげる（IBO, p.43）.

　　これら KIST での DP 化学および美術の授業からの実例は、DP の確立さ
れた枠組みの中でも探究を行えることを示していると、私は確信していま
す。

　　最後に、本稿が皆様の IB プログラムへの理解を深めるお手伝いが出来ま
したなら幸いです。本稿でご紹介した実施例は、KIST の IB プログラムで
実際に指導及び学習に役立てているもので、世界を全ての人にとってより良
い場所にするための IB との協同を示すものです。すべての学校と、その教
員の皆様に IB での成功をお祈りするとともに、皆様独自の IB の取り組み
についてお伺いすることを楽しみにしております。

参考文献

Andrade, H., (2008). Self-assessment through rubrics. Educational Leadership. 65 (4), pp.60-63.

Baeck, L. (2010). History of the Middle Years Programme. Cardiff: International Baccalaureate Organization.

Bernard, S. (2015). 2015 May IB exam results: largest exam session conducted at the IB since introduction of the Diploma. Retrieved July 5, 2015 from http://mailbuild.ibo.org/t/ViewEmail/r/6C19703C9F08B2C52540EF23F30FEDED/1D2132BC2208DB5B16FB8100885F948E

Barth, R. (2006). Improving relationships within the schoolhouse. Educational Leadership, 63 (6), pp. 8-13.

Black, P. & Wiliam, D. (1998). Inside the black box: raising standards through classroom assessment. Phi Delta Kappan, 80 (2), pp.139-148.

Chenoweth, K. (2015). How do we get there from here? Educational Leadership, 72 (5), pp. 17-20.

Conley, D. (2014). International Baccalaureate Diploma Programme: Examining College Readiness. Oregon: Education Policy Improvement Center (EPIC).

Covey, S. (1989). The 7 habits of highly effective people: Powerful lessons in personal change (25th anniversary ed.), pp. 104-105. New York, New York: Simon & Schuster.

IB Primary Years Programme. (n.d.). In Wikipedia. Retrieved August 25, 2015, from https://en.wikipedia.org/wiki/IB_Primary_Years_Programme#History

International Baccalaureate Organization (2007). Making the PYP happen: A curriculum framework for international primary education. Cardiff: International Baccalaureate Organization.

International Baccalaureate Organization. (2014). Diploma Programme-Chemistry guide. Cardiff: International Baccalaureate Organization.

International Baccalaureate Organization. (2014). Diploma Programme-Visual arts guide. Cardiff: International Baccalaureate Organization.

International Baccalaureate Organization (2014). Programme standards and prac tices. Cardiff: International Baccalaureate Organization.

International Baccalaureate Organization. (2014). The IB Diploma statistical bull etin–May 2014 examination session. The Netherlands: International Baccalaure ate Organization.

International Baccalaureate Organization (2015). Programmes. Retrieved August 25, 2015, from http://www.ibo.org/en/programmes/

International Baccalaureate Organization (2015). The IB learner profile. Retriev ed August 25, 2015, from http://www.ibo.org/en/benefits/learner-profile/

International Baccalaureate Organization (2015). Fees and Services. Retrieved August 25, 2015, from http://www.ibo.org/en/become-an-ib-school/fees-and-services/

International Baccalaureate Organization (2015). Assessment fees and services. Retrieved August 25, 2015, from http://www.ibo.org/en/become-an-ib-school/fees-and-services/assessment-fees-and-services/

International Baccalaureate Organization (2015). Mission. Retrieved August 25, 2015, from http://www.ibo.org/en/about-the-ib/mission/

International Baccalaureate Organization (2015). Facts and figures. Retrieved August 25, 2015, from http://www.ibo.org/en/about-the-ib/facts-and-figures/

Ip, Y. (2003). Successful learning: Knowing is not the same as understanding: What is Understanding? Retrieved August 29, 2015, from http://www.cdtl.nus. edu.sg/success/sl20.htm

Jones, J. & Apostolou, P. (2010). Current best-practice in educational assessment: How does the International Baccalaureate Middle Years Program measure up? Tamagawa Gakuen Educational Research. Tokyo: Tamagawa University Press, pp.22-41.

Sadler, D. R. (1989). Formative assessment and the design of instructional syste ms. Instructional Science, 18, pp.119-144.

Stanford, P. & Reeves, S. (2005). Assessment that drives instruction. Teaching Exceptional Children, 37 (4), pp.18-22.

第3部 国際バカロレア（IB）のより深い理解のために

Sternberg, R.J., (2008). Assessing what matters. Educational Leadership. 65 (4), pp.20-27.

The Economist Intelligence Unit (2014). The learning curve–education for skills and life. 2014 Report. London: Pearson.

Tomlinson, C.A., (2008). Learning to love assessment. Educational Leadership. 65 (4), pp.8-13.

Peterson, A. (1972). The International Baccalaureate: An experiment in International Education. London: George Harrap.

Western and northern Canadian protocol for collaboration in education, (2006). Classroom assessment with purpose in mind: assessment for learning, assessment as learning, assessment of learning. Retrieved August 21, 2015 from http://www.wncp.ca/media/40539/rethink. pdf

Wiggins, G. & McTighe, J. (1998). Understanding by Design. Alexandria, Virginia: Association for Supervision and Curriculum Development.

あとがき

　「グローバル人材育成のための大学評価指標 − 大学はグローバル展開企業の要請に応えられるか」（2011年）に次いで、その小中高校編とも言うべき本書を上梓することができたことは望外の喜びである。

　グローバル人材の育成は私にとって関わりが深いテーマである。

　高等教育局長就任時、福田康夫首相（当時）提唱の留学生30万人計画を取りまとめ、便乗するような形で大学国際化拠点整備事業（グローバル30）を創設して、大学のグローバル人材育成の基盤形成につながった。また、産学人材育成パートナーシップが、グローバル人材育成委員会を設けて報告をまとめ、グローバル人材という言葉を定着させたが、その文部科学省側の事務局は高等教育局にあった。

　その後、国立教育政策研究所でグローバル人材育成をテーマにプロジェクト研究を立ちあげ、大学評価指標を提案するなどの成果を得られたが、小中高校については報告書作成にも至らなかった。本書がその代わりである。

　また、小中高校の教育は私にとって思い出深いテーマである。

　旧文部省に入省し、三重県、北九州市を含めて主に初等中等教育行政に携わってきたが、教育助成局の地方課（当時）と財務課で課長を務めた後は、専ら大学行政、科学技術行政を担当し、小中高校の教育からはすっかり縁遠くなってしまった。まして、その教育に関する本を執筆することは夢の夢になっていた。

　本書の刊行は「連載記事を本にしよう」との小貫輝雄協同出版社長の提案によるものであり、出版を引き受けていただいたことを含めて、小貫社長に深く感謝する。

　また、グローバル人材の育成を論じるに際しては、実際に学校でどのように指導するのか、学ばせるかが肝腎で、それが抜けていては正に画竜点睛を欠くことになる。学習指導行政の担当経験も専門的に研究したこともないの

239

で、どうしようかと思案したが、東京大学の齊藤萌木先生と K. インターナショナルスクールの小牧孝子先生にお願いして、知識構成型ジグソー法とIB プログラムについて充実した解説を併載することができた。お二人と執筆していただいた先生方に心より感謝の意を表したい。

　知識構成型ジクリー法は東京大学の故三宅なほみ先生が生み出したものである。三宅先生とは研究振興局長当時に仕事を通じて知り合い、さらに日本産学フォーラムでも御一緒し，2011年には講演会で共演させていただいた。国立教育政策研究所の「未来の学校づくり研究会」には K. インターナショナルスクールの小牧先生ともども御参加いただいた。さらに、欧州委員会IPTS によるスペイン・セビリアでの研究会合には代理で参加発表させていただいた。その御功績を讃え、改めて感謝と哀悼の意を表したい。

　併せて、「教職課程」誌の連載時からお世話になった協同出版の高橋学氏にこの場を借りてお礼を申し上げる。

編著者　德永　保

編集・執筆

徳永　保

　　筑波大学教授・大学執行役員・大学研究センター長、元国立教育政策研究所
　　長、元文部科学省高等教育局長、同研究振興局長。主な著作に、編著「教育
　　法規の基礎理解」協同出版、2014年、共著「Education Policy Reform Trend
　　in G20 Members」Springer、2013年、共著「グローバル人材育成のための大
　　学評価指標」協同出版、2011年、「改正地教行法 Q&A －地方教育行政の組織
　　及び運営に関する法律の改正ポイント」ぎょうせい、2000年。

　　………………………………………………………………………… **第１部**

執筆

齊藤萌木　　東京大学 大学発教育支援コンソーシアム推進機構

　　　　　　大学総合教育研究センター 特任助教 ………………………… **第２部**

ジェフリー　ジョーンズ

　　　　　　ケイ・インターナショナルスクール東京 学校長 ………… **第３部**

執筆協力

飯窪真也　　東京大学 大学発教育支援コンソーシアム推進機構

　　　　　　協力研究員………………………………………………………… **第２部**

堀　公彦　　大分県竹田市立竹田中学校教諭………………………………… **第２部**

吉原ケビン　ケイ・インターナショナルスクール東京

　　　　　　エレメンタリー校長……………………………………………… **第３部**

若狭玲亜　　学校法人ケイ・インターナショナルスクール

　　　　　　学校創立者付同時通訳／翻訳者………………………… **第３部翻訳**

グローバル人材の育成
―協調学習と IB プログラムによる新しい学びを通じて―

ISBN978-4-319-00286-3

2015年12月5日　第1刷発行

編著者　　徳永　保
発行者　　小貫輝雄
発行所　　協同出版株式会社
　　　　　　〒101-0054　東京都千代田区神田錦町2-5
　　　　　　　　　電話　03-3295-1341
　　　　　　　　　振替　00190-4-94061
印刷所　　奥村印刷株式会社
乱丁・落丁はお取り替えします。定価はカバーに表示してあります。

本書の全部または一部を無断で複写複製（コピー）することは、著作権法上での例外を除き、禁じられています。

これからの大学教育を理解するための必携の書!

グローバル人材育成のための大学評価指標
―大学はグローバル展開企業の要望に応えられるか―

筑波大学教授・元国立教育政策研究所長　徳永　保
文部科学省国際統括官付国際戦略企画官　籾井圭子　共著

定価　本体1,500円+税　A5判並製　ISBN 978-4-319-00677-9

はじめに
第1章　グローバル化の進展と教育政策
第2章　人口減少と東アジアの時代ゆえのグローバル人材育成
第3章　大学におけるグローバル人材の育成に向けて
第4章　企業の海外事業展開及び外国人採用の実態と今後の展望
第5章　企業の求める人材像
第6章　大学・大学院教育に対する企業の期待
第7章　大学におけるグローバル人材育成に関する指標
第8章　大学におけるグローバル人材育成に向けた環境の整備
第9章　国際競争力あるグローバル人材育成プログラムのために

教員採用試験によく出る　教育法規対策の決定版!!

教育法規の基礎理解
―この一冊で教育法規の学び方がわかる―

筑波大学教授・元国立教育政策研究所長　徳永　保　編著

定価　本体2,000円+税　A5判並製　ISBN 978-4-319-00266-5

これまで法令的な説明がなされなかった、学校現場における日常的・一般的な教師の活動場面に応じた関係法令を解説。教職をめざす学生が教育法規について学ぶための参考書

はじめに
第Ⅰ部　教育法規に慣れ親しむには
第Ⅱ部　教育活動と教育法規
第Ⅲ部　教職員と教育法規
第Ⅳ部　学校保健安全法、食育・学校給食と教育法規
第Ⅴ部　学校、地域、家庭と教育法規

協同出版